Las Vegas Reiseführer

Sin City für Anfänger

Thomas Sluga
und
Anna Kämmerer

www.reisewort.de

Thomas Sluga
www.reisewort.de

Einzelne Links in diesem Buch sind mit einem * gekennzeichnet. Hierbei handelt es sich um sogenannte Affiliate Links. Sollten Sie einen solchen Link in einen Browser eingeben und einen Kauf oder Buchung abschließen, dann erhält der Autor für die Vermittlung eine Provision. Sollten Sie mit der Provision nicht einverstanden sein, dann wird ausdrücklich darauf hingewiesen, dass Sie die mit * gekennzeichneten Links nicht nutzen sollten.

Las Vegas Reiseführer - Sin City für Anfänger
1. Auflage, 2016

Thomas Sluga
Spitzwegstr. 3
81373 München

Tel.: 01575 - 425 75 93 (keine Reiseberatung)

Wenden Sie sich bitte bei Anfragen jeglicher Form per eMail an den Autor

eMail: thomas@reisewort.de

Instragram: http://www.instagram.com/reisewort.de/
Twitter: https://twitter.com/reisewort

In Zusammenarbeit mit

Anna Kämmerer
Spitzwegstr. 3
81373 München

Inhaltsverzeichnis

Meine erste Las Vegas Reise

Organisation, Planung und am Ende doch eine Mischung aus Abenteuer und Chaos – Mit diesem Satz würde ich meine erste Las Vegas Reise beschreiben. Im Internet informiert man sich über Flüge, Hotels, Sehenswürdigkeiten und ist am Ende enttäuscht, da viele Informationen unvollständig oder schlichtweg falsch sind. Meine Reise begann, nach einer sehr kurzen Nacht, an einem Sonntag um 09:30 Uhr mit Delta Air Lines in München, mit einem Zwischenstopp in Detroit. Ich wusste es wird ein langer Flug, aber ich habe den Zeitunterschied und die Flugzeit doch komplett unterschätzt. Eine Stunde Anreise zum Flughafen mit der S-Bahn, 3 Stunden Wartezeit und Check-In am Flughafen in München, 9 Stunden Flug nach Detroit, knapp 2,5 Stunden Zwischenstopp in Detroit und weitere 4,5 Stunden Flug nach Las Vegas und der Zeitunterschied von 9 Stunden sorgen für ein Gefühl aus Müdigkeit, Verwirrtheit und Trunkenheit - Ein klassischer Jetlag.

In Deutschland bin ich bei kühlen 18 Grad abgeflogen und mein Körper kämpfte nun mit 45 Grad Außentemperatur, woran man sich erst nach einigen Tagen langsam gewöhnt. Einige Tage nach der Akklimatisierung fing ich an die Stadt zu erkunden und habe immer wieder gemerkt, dass meine Wochen der Planung teilweise sinnlos waren. Ich habe noch nie etwas von Las Vegas Downtown gehört und in diesem Stadtteil ein Hotel gebucht, welches als Hotel am Las Vegas Strip beschrieben wurde, jedoch ist der Strip 6 Kilometer entfernt und die Strecke ist als Fußgänger bei 45 Grad Außentemperatur nicht zu unterschätzen. Erst spät habe ich die Vorteile der RTC Busse erkannt und diese genutzt, auch für längere Strecken innerhalb der Stadt. Besonders ärgerlich war die, teilweise sehr schlechte, Internetverbindung in vielen Hotels. Im Urlaub gibt es immer wieder etwas neues und Google liefert viele nützliche Informationen, jedoch braucht man dafür Empfang und besonders abseits der Stadt ist der Empfang schlecht bis gar nicht vorhanden.

Für meinen Reiseblog habe ich Informationen gesammelt, Fotos gemacht und mich näher informiert über Sehenswürdigkeiten, Hotels oder Attraktionen. Mit zahlreichen Eindrücken, Notizen und einer Sammlung von 16 GB Fotos, das sind sehr viele Fotos, bin ich zurück nach Deutschland geflogen. Ich habe die zahlreichen Informationen und Bildern sortiert und mich am Ende für ein Buch entschieden. Ein Buch, welches man mit in den Urlaub nehmen kann und ein nützlicher Begleiter sein soll, von der Planung bis zum Aufenthalt.

Thomas Sluga

Umrechnungstabelle

Als Urlauber wird man immer wieder in Situationen kommen, welche für einen ungewohnt oder komplett neu sind. Eine fremde Sprache, andere Größenangaben und Entfernungen zählen zu den großen Umstellungen, wenn man seinen Urlaub in den USA plant. Sehr schnell kann es stressig werden, daher sollten Sie sich bereits vor der Abreise mit einigen Zahlen und Angaben vertraut machen, damit Sie Ihren Urlaub auch genießen können. In diesem Kapitel sind wichtige Größenangaben und deren Bedeutung zusammengefasst, damit Sie im Urlaub alles auf die gewohnten Angaben schnell und unproblematisch umrechnen können, wobei der Abschnitt Meilen gründlich gelesen werden sollte.

Flächen

USA	Abkürzung	Bedeutung
Squarefoot	sq	1 sq = 0,09 m²
acre	-	1 acre = 4046,8 m²

Gewicht

USA	Abkürzung	Bedeutung
Ounce	oz	1 oz = 28,35 Gramm
Pound	lbs	1 lbs = 453,592

Die Angaben in oz werden besonders gerne bei Obst oder Gemüse verwendet und dies kann zu bösen Überraschungen führen. Bei einem Preis von 2 Dollar pro oz gehen viele Urlauber davon aus, dass es sich um knapp 100 Gramm handelt. An der Kasse kommt nicht selten die Überraschung, wenn man für etwas Obst plötzlich mehr als 6 Dollar bezahlen muss. Beim Einkauf im Supermarkt sollten Sie sich möglichst schnell an die Angaben auf den Produkten gewöhnen. Besonders am Anfang einer Reise geht man sehr leichtfertigen mit dem Dollar um, da man diesen einfach nicht gewohnt ist und daher sind die Ausgaben am Anfang einer Reise oft höher als zum Ende einer Reise. Sie würden in Deutschland sicherlich keine 2,48 Dollar pro oz für Weintrauben bezahlen, wenn diese an der Kasse gewogen werden und 5 oz betragen. Viele Lebensmittel, besonders Obst und Gemüse, müssen über hunderte Kilometer quer durch die Wüste nach Las Vegas gefahren werden und sind in Geschäften daher oft sehr teuer.

Temperatur

Angaben in Grad Celsius sind in den USA eher selten zu finden. In der Regel wird die Temperatur in Fahrenheit in Celsius angegeben. So entsprechend 0 Grad Celsius in den USA 32 Fahrenheit in Celsius.

Beispiel: 20 Grad Celsius

20° C x 1.8 + 32 = 68° F

Die Temperatureinheit Grad Celsius wird mit dem Faktor 1.8 multipliziert und zzgl. 32.

Beispiel: 68 Fahrenheit in Celsius

(68° F - 32) : 1.8 = 20 °C

Der Temperatureinheit Fahrenheit wird die Zahl 32 abgezogen und durch 1.8 dividiert.

Entfernungen

USA	Abkürzung	Bedeutung
inch	in	2,54 cm
Foot	ft	30,48 cm // 12 in
Yard	yd	91,44 cm // 3 ft
Mile	mi	1,609 KM // 1760 yd

Entfernungsangaben, besonders in Mile (Meilen), können zu bösen Überraschungen führen. Möchte man die USA mit einem Mietwagen erkunden, dann sollte man die Entfernungen nicht unterschätzen. Alleine der Bundesstaat Nevada, in dem sich Las Vegas befindet, hat fast die Größe von Polen und der Bundesstaat Kalifornien ist größer als Deutschland. Sie sollten die Größe der USA niemals unterschätzen und auch dort gibt es mal einen Stau, der in der Wüste bei 45 ° C sehr unangenehm werden kann. Touristen sind immer wieder überrascht, wie lange eine Fahrt dauern kann. 500 Meilen werden vom Gefühl mit 500 KM verglichen und dabei wird völlig unterschätzt, dass es sich fast um die Strecke von München nach Hamburg handelt und man die Strecke oft nur mit 90 Stundenkilometer fahren darf oder, aufgrund schlechter Straßen, noch langsamer.

Oft wird von einem amerikanischen Navigationssystem die kürze Route gewählt oder man erhält mehrere Optionen zur Auswahl. Sie können gerne einmal mit Google Maps die Strecke von Las Vegas Downtown nach Coarsegold (Kalifornien) überprüfen und Sie werden sehen, dass es zwei Optionen gibt. Zwischen den Strecken liegt ein Unterschied von nur 80 Meilen, jedoch verlängert sich die Fahrtzeit um fast 3 Stunden.

Tipps für die Reiseplanung

In diesem Kapitel möchte ich Ihnen als Leser nützliche Tipps und Ratschläge für die Reiseplanung weitergeben. Pauschalreisen in die USA sind eigentlich unüblich und müssen mühevoll im Reisebüro oder online zusammengestellt werden. Ein günstiger Preis kann auf den ersten Blick zur Buchung motivieren, jedoch haben Sie hier eventuell schon einen fatalen Fehler begangen. So ist die Dauer der Zwischenlandung in den USA ein nicht zu unterschätzender Faktor. Eine fehlende Auslandskrankenversicherung kann Sie finanziell ruinieren oder Sie kennen die Premium Economy Class nicht und sitzen über Stunden auf einem zu engen Sitz. Sie sollten sich daher Zeit lassen bei der Planung und die Preise der jeweiligen Portale genau vergleichen. Besonders die vermeintlichen Las Vegas Schnäppchen einiger Discounter sollte man ganz genau prüfen, damit die 7 Tage Las Vegas nicht in 40 Stunden An- und Abreise enden.

Günstige Angebote vom Discounter

Eventuell haben Sie auch schon einmal ein Angebot beim Discounter für 7 oder sogar 10 Tage Las Vegas für unter 600 Euro gesehen. Ein solches Angebot sieht auf den ersten Blick interessant und sehr günstig aus. Hier muss man jedoch direkt sagen, dass es sicherlich einen oder mehrere Hacken bei einem solchen Angebot gibt. Wir sprechen hier von einem Flug über mehrere tausende Kilometer inkl. Hotel und dies zu einem Gesamtpreis von einer Woche Urlaub auf Mallorca. Ich habe ein solches Angebot z.B. schon einmal für das Riviera Hotel in Las Vegas gesehen und war doch sehr überrascht, da dieses Hotel abgerissen wird (Stand 2016). Sie können das Hotel gerne einmal googeln und Sie werden feststellen, dass es viele Bilder und Reiseberichte vom Hotel gibt, es jedoch nicht mehr existiert und daher auch nicht gebucht werden sollte.

Besonders oft handelt es sich um sehr schlechte Flugverbindungen in die USA mit zahlreichen Zwischenstopps, oft von einigen Stunden. Ein Rückflug um 21:00 Uhr oder später ist mehr als ärgerlich, wenn man bereits um 12:00 Uhr den Check-Out im Hotel hat und dann mehrere Stunden mit den Koffern in der Wüste von Nevada die Zeit überbrücken muss. Es gibt ebenfalls "interessante" Angebote mit einem Zwischenstopp in den USA von 30 Minuten und nach meiner Erfahrung kann ich Ihnen sagen, dass Sie niemals den Anschlussflug erreichen werden und eventuell ein neues Ticket kaufen müssen. Günstige Angebote vom Discounter sollten Sie sehr genau prüfen und zur Sicherheit die Preise bei einem oder mehreren Anbietern gegenprüfen um böse Überraschungen zu vermeiden.

So verlockend manche Angebote auf den ersten Blick auch aussehen, so trügerisch können diese am Ende sein. Sie möchten sicherlich keine 100 Dollar beim Hotel sparen und dann täglich 30 Dollar für ein Taxi pro Fahrt zum Las Vegas Strip bezahlen, weil das Hotel sehr weit abseits ist. Oft sind es auch nur die Kleinigkeiten, wie ein fehlender Pool, über die man sich ärgert bei einer zu günstig gebuchten Reise.

Flüge in die USA buchen

Ihr Urlaub beginnt bereits beim Check-In und Sie sollten bedenken, dass Sie einmal über den Atlantik und fast die gesamte USA fliegen müssen, wenn Sie nach Las Vegas möchten. Ihre gesamte Reisezeit verbringen Sie in einem Flugzeug, auf einem kleinen Stuhl, mit ein paar hundert Menschen. So bietet eine Boeing 767 Platz für mehr als 350 Passagiere, welche sich ein paar Toiletten teilen müssen. Sie werden mit Menschen im Flieger sitzen, die eventuell Flugangst haben und bei den kleinsten Turbulenzen in Panik geraten. Eventuell wird ein Kind in der Reihe vor Ihnen immer wieder schreien und weinen oder der Sitz vor Ihnen wird nach hinten geklappt und Sie haben kaum noch Platz für die Beine. Über Stunden werden Sie zusätzlich die Turbinen hören und die künstliche Luft im Flugzeug atmen, welche in der Regel trocken und kalt ist. Sie sollten daher bereits den Flug so angenehm wie möglich gestalten und die Angebote genau vergleichen. Als Tourist aus Deutschland wird man eventuell zuerst die großen und bekannten Fluggesellschaften aus dem eigenen Land nach Flugpreisen abfragen, jedoch sind amerikanische Fluggesellschaften oft deutlich günstiger. Flüge von Deutschland nach Las Vegas sind z.B. über Delta Airlines oder American Airlines buchbar, welche einen sehr guten Service bieten. Sie sollten ebenfalls die Preise von unterschiedlichen Flughäfen in Deutschland prüfen. So kann der Abflug von Frankfurt günstiger sein, jedoch müssen Sie eventuell mit dem Zug anreisen und zusätzlich in einem Hotel übernachten.

Oft sind Direktflüge teurer als Flüge mit einer Zwischenlandung, hier sollte man die Ersparnis in Relation zum Zwischenstopp stellen. Eine Ersparnis von beispielsweise 50 Dollar bei einem Zwischenstopp von 4 Stunden ist sicherlich keine Option. Sollte man bei einem längeren Zwischenstopp den Flughafen verlassen wollen, dann wird eventuell das Ticket ungültig, daher sollte man das kleingedruckte genau lesen. Flüge innerhalb der Woche sind oft günstiger als am Wochenende, daher ist Flexibilität wichtig, wenn man sparen möchte. Zusätzlich können die Preise auch tagsüber stark schwanken. Sie sollten sich daher nicht nur auf die Suche nach einem Hotel oder Mietwagen konzentrieren, sondern auch die Flugpreise und Angebote der Fluggesellschaften genau vergleichen, damit der Urlaub bereits beim Abflug nicht in Hektik ausartet.

Tipp: Flüge in die USA buchen http://www.reisewort.de/fluege-usa.html

Tipp - Premium Economy bei Delta Airlines

Economy, First und Business Class - Diese Zeiten sind schon lange vorbei. Immer mehr amerikanische und internationale Fluggesellschaften bieten die Premium Economy Class an. Mit der Premium Economy Class kann man auch mit kleinem Budget in den Genuss von einem größeren Sitz, besserem Essen oder kostenlosem Internet kommen.

Premium Economy buchen
Leider müssen Sie dieses Upgrade selbstständig dazu buchen und daher ist das Angebot bei vielen Kunden aus Deutschland völlig unbekannt, während es in den USA beliebt und die Plätze sehr begehrt sind.

Delta Airlines führt dieses Angebot unter dem Namen *"Delta Comfort+"* im eigenen Angebot. Für das Upgrade benötigen Sie einen kostenlosen Account auf *de.delta.com* und die Flugnummer bzw. Ihr E-Ticket. Sie buchen Ihre Reise/Flug ganz normal, z.B. im Internet oder über ein Reisebüro, und erstellen anschließend einen Account bei Delta Airlines. Anschließend suchen Sie mithilfe der Flugnummer bzw. dem E-Ticket nach Ihrem Flug in die USA und können auf der Internetseite ein Upgrade auf "Delta Comfort+" buchen. Ein solches Upgrade kostet pro Passagier und Flug oft nur zwischen 30 und 80 Euro Aufpreis und der Flug in die USA ist deutlich angenehmer, als in den Sitzen der normalen Economy. Sie müssen jedoch rechtzeitig buchen, da oft nur wenige Plätze angeboten werden und diese sehr schnell ausgebucht sind.

Tipp - Sondermahlzeiten

Nachdem Sie sich bei der Fluggesellschaft kostenlos registriert haben, stehen Ihnen zahlreiche zusätzliche Angebote zur Verfügung. Eines der interessantesten Angebote ist die Auswahl von einer Sondermahlzeit, welche optional gebucht werden kann. Sie können diese Option auswählen und Ihr Essen wird speziell und frisch für Sie zubereitet. Sie haben oft die Wahl von bis zu 8 unterschiedlichen Mahlzeiten, während an Board in der Regel nur zwei Mahlzeiten zur Verfügung stehen.

Interview, Check-In und Gepäckaufgabe

Viele Flüge in die USA starten früh morgens und man sollte rechtzeitig am Flughafen sein. Einige Fluggesellschaften verlangen einen Check-In von bis zu 3 Stunden vor Abflug. Leider kann auch dies sehr knapp werden, was ich selber schon erlebt habe. Beim Rückflug von Las Vegas nach München war ich ca 3 Stunden zu früh am Flughafen und habe meinen Flug fast verpasst. Bei Delta Airlines gab es einen Systemausfall und einige Passagiere mussten umgebucht werden. In letzter Minute konnte ich mein Gepäck aufgeben, musste noch schnell durch die Security und erreichte das Gate in letzter Minute. Ich habe gelernt, dass ich lieber eine Stunde auf meinen Flug warte als diesen um 5 Minuten zu verpassen.

Fakt ist - Sie stehen am Check-In Schalter mit mehreren hundert Passagieren um Ihr Ticket zu erhalten und für die Gepäckaufgabe. Jeder einzelne Passagier wird vor dem Check-In Schalter einzeln kontrolliert und befragt.

Typische Fragen sind: der Grund für die Reise in die USA, wer den Koffer gepackt hat und ob man als Tourist, Unternehmer, Student oder aus anderen Gründen in die USA einreisen möchte. Pro Passagier bzw. Reisegruppe dauert der Vorgang ca. 5 bis 10 Minuten und bei 300 Passagieren kann es sich stark in die Länge ziehen. Nach der Gepäckaufgabe muss man noch durch die Sicherheitskontrolle, welche oft 30 Minuten bis zu einer Stunde dauern kann, und am Gate erfolgt in der Regel erneut ein kurzes Interview und die Kontrolle vom Reisepass und Flugticket. Ein Stau, Probleme bei der Anreise von einem Passagier oder ein defekter Computer kann schnell zu extremen Verzögerungen bei der Abfertigung führen und ich erinnere mich immer noch an die Schweißperlen, als ich in Las Vegas am Flughafen stand und bereits das Boarding für meinen Flug ausgerufen wurde, ich jedoch noch in der Wartschlagen mit Koffer und ohne Ticket stand.

Unterschätzte Gefahr - Zwischenlandung

Aufgrund der Entfernung von Deutschland nach Las Vegas ist oft eine Zwischenlandung in den USA notwendig. Viele Urlauber denken, dass Sie einfach nur von einem Gate zum anderen müssen. Leider entspricht dies nicht der Realität. Sie betreten bei der Zwischenlandung erstmalig amerikanischen Boden und müssen hier alle notwendigen Schritte der Einreise als Tourist über sich ergehen lassen. Ein Interview durch die Beamten der Grenzkontrolle, die Abgabe von Fingerabdrücken oder ein Foto stellen nur eine kleine Auswahl der Prozedur dar. Während Sie es eilig haben und Ihren Anschlussflug erreichen müssen, sind die Beamten oft die Ruhe in Person. Nach der Anreise müssen Sie noch zum Gate und einige Flughäfen sind sehr groß, wie z.B. der Flughafen in Detroit. Innerhalb vom Flughafen befindet sich eine eigene Magnetschwebebahn, welche die Passagiere von einem Ende zum anderen fährt, da der Fußweg rund 30 Minuten dauert.

Verhalten bei der Einreise

Nach einem Flug von mehreren Stunden werden Sie sich in einer Schlange von mehreren hundert Menschen vorfinden, welche in die USA einreisen möchten. Der Beamte der Grenzkontrolle entscheidet ob Sie in die USA einreisen dürfen oder nicht. Sie haben mit dem Visum oder ESTA noch keine Garantie, dass Sie wirklich in die USA einreisen dürfen. Es handelt sich nur um eine Art Genehmigung, dass Sie bis zur Grenzkontrolle dürfen und dort kann die Einreise verweigert werden. Jährlich wird mehreren hundert Touristen aus Deutschland die Einreise verweigert. Sollte der Beamte z.B. den Verdacht haben, dass Sie in den USA arbeiten möchten, dann kann die Einreise bereits verweigert werden. Es kann, leider, auch zu Problemen führen, wenn man mit einem Reisepass aus Deutschland und einem eher arabischen Namen und/oder Aussehen einreisen möchte. Grenzbeamte wirken oft sehr locker und entspannt beim Interview, jedoch beobachten Sie jeden einzelnen sehr genau und beim kleinsten Verdacht kann man schon wieder im Flugzeug Richtung Deutschland sitzen und der USA Urlaub ist vorbei.

Es versteht sich von selbst, dass Sie keine Witze machen oder alkoholisiert sein sollten. Aus Erfahrung kann ich sagen, dass die Beamten in der Regel sehr höflich sind und nach strengen Fragen die Situation entspannen möchten durch einen Witz oder ein kurzes Gespräch. Sie befinden sich jedoch noch immer in der Kontrolle und "lustige" Versprecher wie Terrorist statt Tourist können fatale Folgen haben

Wichtig - Gepäck und Zwischenlandung

Bei einer Zwischenlandung müssen Sie Ihr Gepäck vom Band abholen und erneut aufgeben. Lassen Sie Ihr Gepäck nicht auf dem Band, da Sie sonst ohne Gepäck in Las Vegas landen werden. Kurz vor der Grenzkontrolle wird ein Mitarbeiter vom Flughafen Ihnen das Gepäck wieder abnehmen und auf das Band legen.

Beachten Sie, dass Sie kein Obst, Gemüse oder Fleisch in die USA einführen dürfen und daher sollte alles vor der Landung verzehrt oder entsorgt werden. Hier sind die Kontrollen sehr streng und die Strafen können hoch ausfallen.

Die Dauer vom Zwischenstopp

Bei einer Flugreise mit einer Zwischenlandung sollten Sie die Einreiseprozedur mit einkalkulieren und daher sind Zwischenlandungen mit einer Dauer von 30 oder 45 Minuten nicht realistisch. Sie sollten hier unbedingt min. 2 Stunden ei nplanen.

Krankenversicherung

Leichtsinnig bis fahrlässig gehen viele USA Urlauber mit der Krankenversicherung um. Als Tourist genießt man in der Regel keinen Versicherungsschutz, sobald man die EU verlässt.

So sind die vertraglichen Rahmenbedingungen der Versicherer nicht einheitlich und Sie müssen sich vor der Abreise bei Ihrer Krankenversicherung über eine zusätzliche Auslandskrankenversicherung informieren. So handelt es sich oft um eine zusätzliche Leistungen, welche man explizit buchen muss. Lassen Sie sich beraten und klären Sie die Leistung genau ab. Besonders bei einem schweren Unfall kann der Rücktransport nach Deutschland oder die Übernahme sämtlicher Krankenhauskosten wichtig sein.

Um Ihnen ein Gefühl für die Kosten zu vermitteln, möchte ich e inmal das traurige Beispiel von der Kanadierin Sarah Burke nennen, welche weltbekannt wurde als Freestyle -Skierin. Beim Training in den USA stürzte Sie schwer und verstarb an den Folgen vom Sturz. Bevor die Kanadierin in den USA verstarb, verbrachte Sie 9 Tage auf der Intensivstation eines Krankenhauses und dieses stellte eine Rechnung in Höhe von knapp 550.000 Dollar aus, welche die Eltern bezahlen müssen.

Ein Unfalls in den USA kann schnell zu großen finanziellen Problemen führen und daher ist ein umfangreicher Versicherungsschutz essentiell für Sie als Urlauber. Eine gute Nachricht ist, dass dieser zusätzlich Schutz bei vielen Versicherungen teilweise weniger als 10 Euro pro Jahr kostet und daher die Urlaubskasse kaum bis gar nicht belastet.

Zusammenfassung

Wie Sie in diesem Kapitel gelernt haben ist eine Flugreise in die USA nicht vergleichbar mit einer Pauschalreise auf die Kanaren. Viele Stunden im Flugzeug, ein Interview bei der Grenzkontrolle und der Zeitunterschied können stark an die Substanz ge hen. Sie sollten daher den Flug möglichst angenehm gestalten, z.B. mit der Premium Econonmy Class.

Im Flugzeugen kann es kühl werden, daher sollten Sie einen Pullover einpacken und eigene Kopfhörer mit Geräuschunterdrückungen gestalten das Entertainment Programm deutlich interessanter. Auf vielen Flügen wird mittlerweile auch kostenloses Internet angeboten, ein Tablet kann daher nützlicher Reisebegleiter sein. Obwohl Sie aufgeregt sein werden, ist auch eine kurze Nacht immer noch besser als ein Flug übe r mehrere Stunden und Zeitzonen nach einer Nacht mit Schlafentzug.

(Über-) Leben in Las Vegas

Als Tourist aus Deutschland muss man sich ab der Landung an die Sitten und Gesetze von einem fremden Land gewöhnen und vieles aus dem Alltag ist in den USA un d besonders in Las Vegas anders. So kann es passieren, dass ein Kellner sauer ist und dabei hat man nur die Rechnung normal beglichen. Bei der Polizeikontrolle wird Plötzlich der Polizist nervös und zieht seine geladene Waffe, man wundert sich, wieso ein Artikel an der Kasse plötzlich mehr kostet oder das man kein Wechselgeld bekommt. Viele Touristen gehen mit Fragezeichen durch Las Vegas und können sich Selbstverständlichkeiten einfach nicht erklären. Sie als Leser, von diesem Buch, sollen in die typischen Fallen nicht tappen.

Mindestalter für Las Vegas

Während man in Deutschland bereits mit 18 volljährig ist, zählt man in den USA erst mit 21 als volljährig. Sollten Sie eine Reise nach Las Vegas planen, dann ist dieses Mindestalter unbedingt einzuhalten, da sonst sogar der Check-In am Hotelschalter verweigert werden kann. Zusätzlich sollten Sie immer den Personalausweis dabei haben, da Sie bei Zahlung mit der Kreditkarte oder aber gelegentlich beim Eintritt in ein Casino nach Ihrer "ID" gefragt werden und den Personalausweis zeigen müssen. Ihren Reisepass hingegen sollten Sie sicher in den Safe einschließen. Während vor einigen Jahren der deutsche Personalausweis oft nicht akzeptiert wurde, ist dies heute kein Problem mehr.

Las Vegas mit Kindern oder Haustieren

Immer wieder bin ich in Las Vegas auf junge Eltern mit Kindern gestoßen. Sicherlich ist jedem die Erziehung seiner Kinder freigestellt, aber Las Vegas ist eine besondere Stadt. Zum einen sind viele Hotels auf Besucher mit Kindern gar nicht eingestellt, da die Hotelzimmer eher der Übernachtung dienen und nicht dem Familienurlaub. Zusätzlich befindet sich Las Vegas mitten in der Wüste und die Hitze sollte man nicht unterschätzen, wir sprechen hier von 40 Grad Celsius und mehr. Es handelt sich um einen Flug von mehreren Stunden und besonders nachts kann es sehr laut werden, wie z.B. an der Fremont Street Experience in Las Vegas Downtown.

Ebenfalls nicht zu empfehlen ist Las Vegas mit einem Hund als Reisebegleiter, da dies sogar ärger mit der Polizei bedeuten kann. Wer sich Hunde in Las Vegas genauer anschaut wird merken, dass diese Stoffschuhe über den Pfoten tragen. Hierbei handelt es sich nicht um einen modischen Artikel, sondern er dient dem Schutz der Pfoten. Tagsüber brennt die Sonne gnadenlos auf den in der Regel schwarzen Asphalt und dieser heizt sich stark auf und kann zu Verbrennungen der Pfoten führen und ein Polizist kann dies als Tierquälerei deuten und das Gespräch mit Ihnen suchen.

Verhalten gegenüber der Polizei

Bereits im ersten Satz möchte ich ganz klar sagen, dass man die amerikanische Polizei nicht mit der in Deutschland vergleichen kann. Amerikanische Polizisten greifen viel schneller und auch härter durch, wenn den Anweisungen nicht folgegeleistet wird.

In den USA kann fast jeder eine Waffe legal kaufen und bei sich tragen, teilweise sichtbar. Polizisten gehen daher immer davon aus, dass man bewaffnet ist und schützen sich anders als wir es aus Deutschland gewohnt sind. Sollten Sie als Fußgänger von einem Polizisten angehalten werden, dann sollten Sie keine hektischen Bewegungen durchführen, wie in Taschen wühlen und die Hände plötzlich rausnehmen oder gar versuchen zu flüchten. Während der erste Kontakt oft laut und teilweise aggressiv wirkt, wird sich die Situation langsam entspannen und der Polizist wird Ihnen den Grund für die Kontrolle erklären.

Polizeikontrolle im Fahrzeug

Bei einer Kontrolle im Auto werden Sie den Polizeiwagen schnell durch die Geräusch- und Lichtkulisse erkennen. Sie, als Fahrer, sollten so schnell wie möglich anhalten und nicht bis zum nächsten Rastplatz oder Ausfahrt fahren. Ein Polizist könnte dies als Fluchtversuch deuten und Verstärkung rufen. In den USA ist es üblich, dass man flüchtige Fahrer verfolgt und mit Gewalt stoppt. Alle Insassen im Fahrzeug müssen sitzen bleiben und Sie als Fahrer sollten die Hände auf dem Lenkrad belassen.

Der Polizist hinter Ihnen halten und mit der Hand an der Waffe langsam zum Fahrzeug kommen. Er wird Sie auffordern aus dem Fahrzeug zu steigen oder die Scheibe zu öffnen. Als Tourist dürfen Sie sich über dieses Verhalten der Polizei nicht wundern. In Deutschland sind Polizeiwagen meistens mit zwei Polizisten besetzt, was in den USA eher unüblich ist.

Fazit - Erstkontakt mit der Polizei

Als Tourist sollten Sie beim ersten Kontakt die amerikanische Polizei nicht unterschätzen, da dies gefährlich bis tödlich ausgehen kann. Wer einmal ein Polizeifahrzeug näher betrachtet wird merken, dass die Polizisten teilweise stark bewaffnet und die Fahrzeuge für Verfolgungsjagten ausgestattet sind.

Kriminalität in Las Vegas

Las Vegas bietet eine Mischung aus Alkohol, Drogen, Glückspiel, Prostitution und viele scheinen aus dieser künstlichen Welt nicht mehr den Ausstieg zu finden. Als Tourist wird man sehr schnell verwirrte Menschen auf den Straßen sehen, welche betrunken oder unter dem Einfluss von Drogen ziellos durch die Gegend laufen. Las Vegas versucht mit allen Mitteln den Touristen ein Gefühl von Sicherheit zu geben. So befinden sich an den Eingängen der Hotels und Casinos oft unauffällige Sicherheitsleute, auf den Straßen patroulieren Sicherheitsfirmen und diese werden durch Polizisten in Streifenwagen unterstützt. Wer sich in Las Vegas im Strom der Touristen bewegt, der kann sich sicher fühlen. Wer Las Vegas auf eigene Faust erkunden möchte wird sehr schnell merken, dass Las Vegas eine Stadt von Obdachlosen und Kriminellen ist. In den USA zählt Las Vegas zu den Topstädten in der Kriminalitätsstatistik und einige Bereiche sollte man als Tourist komplett meiden. Besonders der Bereich zwischen Stratosphere Tower und Fremont Street Experience scheint sich perfekt für einen Spaziergang zu eignen, jedoch finden sich hier oft Drogensüchtige, Drogendealer oder gewaltbereite Gruppen.

Preise für Lebensmittel

Als Tourist wird man in einem klassischen Hotel keine Küche haben und ist daher auf Restaurants oder kleinere Mahlzeiten auf dem Lebensmittelgeschäft angewiesen. Beim ersten Einkauf wird man jedoch überrascht bis schockiert sein, wie hoch die Preise in den USA für Lebensmittel, und insbesondere in Las Vegas, sind. So können 100 Gramm Weintrauben im Geschäft 5 Dollar kosten, ein belegtes Brötchen 4 Dollar oder aber eine zwei Liter Milch bis zu 9 Dollar. Sie sollten sich keine Illusionen machen, dass ein Urlaub in den USA für den kleinen Geldbeutel geeignet ist. Alle Produkte müssen über hunderte Kilometer aus anderen Bundesstaaten per LKW nach Las Vegas transportiert werden und dies ist mit hohen Kosten verbunden.

Etwas günstiger sind die Preise für alkoholfreie Getränke, wie Wasser bzw. das eher unbekannte Wasser mit Kohlensäure. Hier liegt der Preis für zwei Flaschen mit einem Inhalt von 0.5 Liter bei ca. einem Dollar, in den meisten Geschäften.

Sollten Sie rauchen, dann habe ich eine sehr schlechte Nachricht für Sie. In den USA sind Zigaretten sehr teuer, der Endpreis wird vom Geschäft bestimmt und liegt zwischen 6 Dollar bis 14 Dollar für eine kleine Packung mit ca. 18 Zigaretten. Ich war nach meinem ersten USA Urlaub nach wenigen Tagen Nichtraucher.

Ähnlich verhält es sich mit den Preisen für Alkohol. Hochprozentiges wird eher selten getrunken, da ein Kater in der Wüste bei mehr als 40 Grad sehr unangenehm ist, was ich aus Erfahrung bestätigen kann. Viele greifen zum Bier, welches etwas anders schmeckt als in Deutschland. Beim Bier liegen die Preise im Geschäft für eine Flasche bei ca. 4 Dollar.

Alkoholkonsum in der Öffentlichkeit

In Las Vegas kommt man sehr leicht an alkoholische Getränke und dies obwohl die Gesetze in den USA sehr streng sind. Besonders bei Touristen sinkt sehr schnell die Hemmschwelle und man fängt an sich zu betrinken, was sehr schnell zu Problemen mit der Polizei führen kann. Stark alkoholisierte Personen werden von der Polizei ohne Rücksicht festgenommen und dürfen eine Nacht in der Zelle verbringen, da dies dem Schutz der Allgemeinheit dient. Hier reicht schon der Verdacht auf mögliche Aggressivität, wie ein Streit mit dem Partner und einem Bier in der Hand. In der Regel wird sich ein Mitarbeiter einer Sicherheitsfirma einmischen und sollte man Diskussionen anfangen, dann ist auch der Einsatz von Pfefferspray nicht ungewöhnlich und innerhalb weniger Minuten ist auch die Polizei anwesend.

Konsum alkoholischer Getränke

Kauft man alkoholische Getränke in einem Geschäft, dann ist der Konsum außerhalb vom Geschäft nicht gestattet. Sollten Sie dennoch außerhalb vom Casino trinken wollen, dann müssen Sie das Getränk umfüllen. Am Eingang bieten viele Casinos kostenlos Pappbecher an oder man kauft sich in einem der Geschäft eine Plastikflasche und füllt das Getränk um. Besonders die Plastikflaschen sind sehr beliebt und es gibt diese in unterschiedlichen Formen, wie z.B. ein Schuhe oder ein Football.

(Gratis) Alkohol im Casino

Eine Möglichkeit relativ günstig an alkoholische Getränke zu kommen bieten die Casinos selbst. Man muss sich einfach nur an einen Spielautomaten setzen und z.B. mit einem Dollar Einsatz spielen. Innerhalb weniger Minuten wird eine Bedienung fragen ob man ein Getränk haben möchte. Bei der Bedienung kann man nach Lust und Laune bestellen, da die Getränke kostenlos sind, jedoch erwartet die Bedienung ein Trinkgeld.

Die Höhe vom Trinkgeld

Sollte man öfters ein Getränk bestellen wollen, dann sollte man die Bedienung mit 2 oder 3 Dollar motivieren in ein paar Minuten erneut nachzufragen. In den großen Casinos wird man am Wochenende eventuell länger warten müssen. Besonders an den Tischen wird mit hohen Einsätzen gespielt und die Trinkgelder fallen oft sehr hoch aus. Einige Spieler geben Trinkgelder von teilweise bis zu 50 Dollar oder mehr.

Viele Touristen haben über Jahre diesen Service missbraucht um sich kostenlos oder für kleines Geld zu betrinken. Heute ist dies eher unüblich und kaum noch möglich, wenn das Trinkgeld nur wenige Dollar beträgt. Bei Ihrer ersten Bestellung wird man Ihnen eventuell nur ein Bier anbieten oder ein alkoholfreies Getränk. Sollten Sie sich als spendabler Gast zeigen, dann können Sie auch plötzlich Longdrinks oder Cocktails bestellen.

Restaurants - Sitzplatz und Trinkgeld

Nach einem langen Tag am Las Vegas Strip wird sich irgendwann der Mag en melden und man möchte etwas essen. Schnell ist ein Restaurant gefunden, man betritt die Lokalität und sucht sich einen Platz, eventuell in einer ruhigen Ecke am Fenster. In Deutschland wäre dies grundsätzlich kein Problem, jedoch befinden Sie sich in de n USA und hier ist ein solches Verhalten ein Fauxpas. Grundsätzlich gilt in allen Restaurants, dass Sie am Eingang warten bis ein Kellner Sie abholt. Er w ird Sie zu Ihrem Platz begleiten und steht Ihnen während des Aufenthalts als Ansprechpartner zur Verfü gung. Service gegenüber dem Kunden hat in den USA einen sehr hohen Stellenwert.

Sie als Kunde hingegen müssen diesen Service mit einem Trinkgeld würdigen und diesen Kostenfaktor sollte man als USA Urlauber nicht unterschätzen. Während in Deutschland gerne mal aufgerundet wird und das Trinkgeld sich auf ein paar Cent oder Euro beläuft, können es in den USA bis zu 25% vom Rechnungsbetrag ausmachen.

Als Kunde können Sie die Höhe vom Trinkgeld natürlich selber wählen und bei schlechtem Service oder Essen sogar komplett verweigern. Es hat sich mittlerweile vereinzelt etabliert, dass bei Zahlungen mit der Kreditkarte vom Kellner eigenständig ein Trinkgeld auf den Rechnungsbetrag gesetzt wird und man die fertige Quittung zum unterschreiben am Tisch erhält. Sollte man mit dem Betrag nicht einverstanden sein, dann muss der Kellner die Quittung stornieren und dieser ist dann leider teilweise nicht mehr auffindbar.

Als Kunde können Sie dabei die folgende Faustregel verwenden - Verdoppeln Sie einfach die Steuer auf der Rechnung und runden Sie diese auf. In der Regel zahlen die meisten Kunden ein Trinkgeld von 15%, abends 20% und bei sehr guten Restaurants oder einem besonderen Service, wie einem guten Sitzplatz, 25% Trinkgeld.

Die Steuerfalle

In Deutschland zahlen Sie auf die Artikel im Geschäft die Mehrwertsteuer, welche z.B. 19% oder 7% beträgt. Alle Waren sind inkl. Steuer deklariert und ein Artikel mit einem Preis von 4,99 EUR wird an der Kasse auch 4,99 EUR kosten. In den USA ist dies leider nicht der Fall. Bei Preisen handelt es sich um den Nettopreis und an der Kasse wird die Steuer einzeln ausgewiesen. Besonders beim ersten Einkauf scheint dies viele zu überraschen, da man plötzlich mehr bezahlen muss. In den USA gibt es zahlreiche Bundesstaaten und diese können die Steuer selber bestimmten. Es hat sich daher etabliert, dass die Preise immer ohne Steuer angegeben werden und erst beim bezahlen die Steuer erhoben wird.

Mindestumsatz bei Kreditkartenzahlung

Viele Quellen im Internet berichten, dass man in den U SA alles mit der Kreditkarte bezahlen kann, auch Einkäufe von ein paar Dollar. Leider ist dies nicht korrekt, da viele Geschäfte bei Zahlungen mit der Kreditkarte einen Mindestumsatz fordern. Daher sollten Sie immer eine kleinere Menge Bargeld immer bei si ch führen.

Über die Zahlungsmöglichkeiten in den USA herrschen viele Mythen und Halbwahrheiten im Internet. Umso größer ist die Überraschung, wenn man wirklich die erste Zahlung tätigen muss. Als Urlauber können Sie durchaus bereits in Deutschland Geld wechseln und mitnehmen. Sie werden sich im ersten Moment sicherlich wundern, dass eine so wichtige Weltwährung, wie der US Dollar, in einer so schlechten Qualität gedruckt wird. Tatsächlich fühlen sich Dollarnoten wie Spielgeld bei einem Brettspiel an und sind oft beschmiert oder angerissen. In vielen Geschäften sind Dollarnoten mit einem hohem Wert überhaupt nicht beliebt und es kann passieren, dass Geldscheine ab 20 Dollar nicht akzeptiert werden. Sie sollten beim Geld wechseln daher auf eine kleine Stückelung achten.

Wechselstuben in den USA

Die bekannten Wechselstuben aus vielen Ländern sind in den USA völlig unüblich und sollten Sie Euro in Dollar wechseln wollen, dann müssen Sie oft eine Bank suchen und diese besitzen nur selten einen Bankschalter. Bargeld können Sie daher oft nur an einem Geldautomaten (ATM) abheben. Für jede Transaktion wird eine Gebühr erhoben, welche im Durchschnitt ca. 8 Dollar beträgt.

Kreditkarten

In Deutschland ist die Kreditkarte eher unbekannt, da unser Zahlungssystem mit der EC-/Girokarte sehr gut funktioniert. Sie sollten jedoch vermeiden mit Ihrer Girokarte in den USA zu bezahlen, da oft sehr hohe Gebühren anfallen. Kreditkarten wiederrum werden überall akzeptiert und sind problemlos nutzbar, teilweise jedoch erst ab ca. 10 Dollar Einkaufswert.

Kostenlose Kreditkarten

Kreditkarten werden mittlerweile, teilweise kostenlos, von zahlreichen Banken angeboten. Sie sollten sich dabei für eine Visa entscheiden, da diese die größte Akzeptanz in den USA besitzt. Heutzutage sind die Angebote für Kreditkarten so umfangreich, dass diese in einem Buch nie aktuell wären. Ich habe für Sie als Leser daher online eine Internetseite mit Angeboten diverser Banken veröffentlicht.

Tipp: Gratis Kreditkarten für die USA - http://www.reisewort.de/kreditkarte-usa.html

Bei Zahlungen mit der Kreditkarte fallen in der Regel sogenannte Wechselgebühren an, welche ca. 1,5% der Kaufsumme betragen und erst nach ein paar Tagen von Ihrem Konto gebucht werden. Mit Ihrer deutschen Kreditkarte können Sie an einem Geldautomaten Bargeld abheben. Viele Banken belasten anschließend Ihr Girokonto mit der Summe.

Sicherheitsaspekt

Sollten Sie Ihre Kreditkarte verlieren, dann müssen Sie diese sofort sperren. Eine Bezahlung per Kreditkarte ohne Pin bzw. Unterschrift ist bei geringen Summen problemlos möglich und in vielen Geschäften nicht unüblich.

Mietwagen und Verkehr

Typischer amerikanischer Mietwagen

Viele Urlauber buchen für einige Tage oder Wochen einen Mietwagen in den USA um mobil zu sein und die USA auch außerhalb der Städte zu erkunden. Es ist ein ganz besonderes Erlebnis, wenn man eine Stadt wie Las Vegas verlässt und merkt, welche Naturwunder rund um Las Vegas nur auf Sie warten. Jedoch gibt es auch beim Mietwagen gefahren und unerwartete Kosten, welche die Urlaubskasse belasten können.

Der richtige Anbieter

Alle großen Anbieter vermieten Mietwagen in unterschiedlichen Preisklassen, direkt am Flughafen Las Vegas. Sie als Kunde haben den Vorteil, dass Sie die Preise der Anbieter online vergleichen können und die Preisspanne zwischen den einzelnen Anbietern und Fahrzeugkategorien kann sehr groß sein. Eine Übersicht über deutsche und amerikanische Anbieter habe ich für Sie online gestellt, unter der folgenden Internetseite:

Mietwagen in den USA - http://www.reisewort.de/mietwagen-usa.html

Als Kunde buchen Sie online eine bestimmte Fahrzeugkategorie und keine spezielle Marke oder Wagentyp. In Las Vegas besitzen die Vermieter ein eigenes Parkhaus und nach dem unterschreiben der notwendigen Formalitäten können Sie sich ein Auto aus der gebuchten Kategorie aussuchen. Aus Erfahrung kann ich Ihnen sagen, dass oft bis zu 8 verschiedene Fahrzeuge, unterschiedlicher Hersteller, zur freien Auswahl stehen. Sie können sich jedes Fahrzeug von Innen anschauen und mit dem Wunschfahrzeug das Parkhaus verlassen.

Der richtige Mietwagentyp

Vor der Anmietung sollten Sie sich genau überlegen, ob Sie nur in Las Vegas bleiben möchte oder auch außerhalb von Las Vegas unterwegs sein werden. Für die Stad t reicht ein Kleinwagen aus, während in der Wüste ein Geländewagen empfehlenswert ist. Las Vegas ist umgeben von Bergen und die Steigungen können durchaus einen Kleinwagen in die Knie zwingen, wenn der Motor über keine ausreichende Leistung verfügt. Bedingt durch die Hitze wird auch die Klimaanlage ständig im Betrieb sein und dies kann zur Überhitzung vom Motor führen, worauf auch Straßenschilder immer wieder hinweisen. Sie werden überrascht sein über die Anzahl von liegengebliebenen Fahrzeugen am Straßenra nd, wenn sie außerhalb von Las Vegas die Wüste erkunden. Eine weitere unterschätze Gefahr stellt der Asphalt dar. Autobahnen in der Wüste sind nicht vergleichbar mit denen in Deutschland. Teilweise ist die Autobahn defekt oder gar nicht mehr vorhanden, was bei einem Kleinwagen zu einem sehr unangenehmen Fahrgefühl führen kann. Zusätzlich heizt sich der schwarze Asphalt tagsüber durch die Sonne sehr stark auf und geplatzte Reifen gehören zum normalen Straßenbild dazu.

Sollten Sie die Wüste erkunden wollen, dann dürfen Sie nicht am Mietwagen sparen. Oft herrscht, außerhalb der Stadt, wenig bis gar kein Verkehr. Es kann sehr unangenehm werden, wenn man mit einem defekten Auto, ohne Wasser, bei 45 °C in der Wüste liegen bleibt und keine Hilfe in Sicht ist.

Vorsicht bei Dieselfahrzeugen

Beachten Sie, dass Diesel in den USA an Tankstellen schwer zu bekommen ist und daher ist ein Mietwagen mit Dieselmotor unbedingt zu vermeiden. Hier gebe ich gerne noch einmal den Hinweis weiter, dass Las Vegas von der Größe mit Ländern wie Polen vergleichbar ist und Sie würden sicherlich nicht durch Polen fahren, wenn Sie dort kein Diesel für Ihr Fahrzeug bekommen würden.

Tipp: Mietwagen in den USA buchen http://www.reisewort.de/mietwagen-usa.html

Versicherungsschutz

Einfach Vollkasko buchen und es kann nichts mehr passieren - So leicht ist es leider in den USA nicht. Ich persönlich buche den Mietwagen immer über einen Anbieter in Deutschland, damit es im Schadens- oder Streitfall einen Ansprechpartner im eigenen Land gibt. In den Angeboten finden Sie oft Passagen, wie einen "*umfangreichen Versicherungsschutz*", der teilweise gar nicht so umfangreich ist. Oft ist nur der Wagen versichert, damit der Autovermieter nicht auf einem Schaden sitzen bleibt. Sie als Insasse, Ihre Beifahre r oder aber Unfallbeteiligte sind oft gar nicht versichert. Sie sollten daher die vertraglichen Konditionen genau lesen. Ein umfangreicher Schutz wird z.B. unter Produkten wie "Extended Protection" gelistet und muss oft bei der Anmietung zusätzlich bezahlt werden.

Sie dürfen hier nicht am falschen Ende sparen - Ein umfangreicher Versicherungsschutz kostet oft weniger als 20 Dollar pro Tag und sichert Sie als Fahrer ab.

Ein Navigationssystem kann sehr nützlich sein, wenn man in Las Vegas ist und die Umgebung erkunden möchte. Viele Urlauber mieten ein Navigationssystem direkt beim Vermieter und ärgern sich über die Kosten, von teilweise 15 Dollar pro Tag. Bedingt durch die Größe der USA gehen viele davon aus, dass Navigationssysteme sehr teuer sind und daher die hohen Preise für die Anmietung gerechtfertigt sind. Zusätzlich muss das Navigationssystem für die gesamte Dauer der Anmietung bezahlt werden, da einzelne Tage aufgrund der "vertraglichen Gestaltung" nicht möglich sind.

Sie können jedoch auf die Anmietung verzichten und Sie sich einfach ein Navigationssystem in einem Geschäft, wie z.B. Walmart, kaufen. Ich habe z.B. ein Navigationssystem der Marke Magellan für ca. 89 Dollar gekauft und dieses besitzt Karten für die komplette USA und Kanada.

Online Aktivierung vermeiden

Sollten Sie ein Navigationssystem kaufen, dann fragen Sie nach ob dieses eventuell an einem PC aktiviert werden muss. Viele Hotels in Las Vegas besitzen keine Internetecke und Internet Cafés sind fast komplett unbekannt. Eine weitere Problematik stellt die Internetgeschwindigkeit in Las Vegas dar, welche bei vielen Hotels eher langsam ist. Ein Download einer Karte kann mehrere Stunden dauern und die Verbindung zum Internet wird oft nach einigen Stunden automatisch unterbrochen.

GPS Navigation

Rund um Las Vegas existieren viele Sehenswürdigkeiten und National Parks, welche Sie mit dem Auto besuchen können. Einige der Sehenswürdigkeiten besitzen jedoch keine Anschrift und sind nur mittels Koordinaten erreichbar. Ein Navigationssystem sollte daher die Eingabe von Koordinaten unterstützen. Sie können einfach den Verkäufer fragen oder sich auf der Rückseite vom Produkt informieren.

Überhitzung

Während der Fahrt werden Sie Ihr Navigationssystem an der Windschutzscheibe befestigen, daher ist das Navigationssystem der Sonnenstrahlung und Hitze ausgesetzt. Es kann daher passieren, dass das Navigationssystem überhitzt oder zerstört wird. Einige Navigationssystem informieren den Fahrer automatisch bei Überhitzung und schalten sich teilweise ab. Eine Alternative stellt ein kleines Tuch dar, welches man auf der Rückseite befestigt, damit die Sonne das Navigationssystem nicht direkt erhitzen kann.

Routenplanung

Bei weiten Strecken wird das Navigationssystem Ihnen unterschiedliche Routen empfehlen. Sie sollten die Routen genau prüfen und sich die Fahrzeit anzeigen lassen. Eine vermeintlich längere Strecke kann durchaus eine kürzere Fahrtzeit bedeuten, wenn man die Berge oder spezielle Straßen durch die Wüste meidet.

Kostenfalle Tankfüllung

Eine weitere sehr lukrative Einnahmequelle ist die Option, dass man das Auto mit einem leeren Tank abgeben kann und die Tankfüllung bereits bei der Anmietung bezahlt. Ich persönlich habe diese Option selber einmal gewählt und mich am Ende geärgert. Es wird oft mit dem Argument verkauft, dass das Benzin etwas günstig sei, wenn man sich für diese Option entscheidet und es wird von Benzinpreis genannt. Als Urlauber können Sie die Benzinpreise oft gar nicht abschätzen, daher können Sie nicht wissen ob es günstig oder teuer ist. Zusätzlich kennen Sie eventuell das Fassungsvermögen vom Benzintank nicht und wissen gar nicht, ob der Preis gerechtfertigt ist. Viel entscheidender ist aber die Tatsache, dass Sie den Wagen mit einem leeren Tank schon zum Vermieter schieben müsste, damit es sich lohnt. Sie haben immerhin eine komplette Tankfüllung bezahlt und geben den Wagen sicherlich nicht ohne Benzin ab. Sparen Sie sich die Option, da am Flughafen Las Vegas eine Tankstelle ist und Sie dort direkt tanken können.

Tanken

In diversen Foren und Blogs wird das Thema tanken in den USA heiß diskutiert und viele Urlauber wundern sich, dass es anscheinend so ein großes Problem ist. Anders als in Deutschland muss das Benzin vor dem Tankvorgang bezahlt werden. Für Amerikaner ist dies grundsätzlich kein Problem, da man einfach nur die Kreditkarte in die Tankstation steckt und den Betrag eingibt, für den man tanken möchte. Zusätzlich wird noch der Postleitzahl (zip) gefragt und hier ergibt sich das Problem, da man selber keine amerikanische Postleitzahl hat. Als Urlauber müssen Sie daher beim Tankwart mit Kreditkarte oder Bar bezahlen. Stellen Sie Ihr Auto einfach an eine Tanksäule und merken Sie sich die Nummer der Säule. Beim Tankwart nennen Sie den Betrag, für den Sie tanken möchte und die Nummer der Säule (engl. Pump Station). Anschließend können Ihr Auto betanken.

Tankmenge

Möchte man im voraus bezahlen, dann hat man ein großes Problem. Sie als Kunde müssen abschätzen, wie viel Benzin Sie benötigen und bereits beim bezahlen den Betrag in Dollar nennen. Sollte der gewählte Betrag zu hoch sein, dann hat man oft ein Problem, da eine Erstattung nicht möglich ist.

Fassungsvermögen

Erkunden Sie sich bereits bei der Vermietung nach dem Fassungsvermögen vom Benzintank und dem Verbrauch vom Fahrzeug, welches Sie anmieten möchten. Autos in den USA verbrauchen, wenn man es mit Deutschland vergleicht, viel Benzin und auch ein Auto mit einem 100 Liter Tank kann eine Reichweite von nur 400 KM besitzen.

Benzin

Lassen Sie sich bei der Vermietung schriftlich aufschreiben, welches Benzin Sie tanken müssen. Während die Information in Deutschland oft auf dem Tankdeckel steht, ist dies in den USA nicht üblich. Hier reicht die Angabe vom Oktanwert. Beachten Sie, dass die Entfernung teilweise sehr groß sind und abseits von Las Vegas das Tankstellennetz sehr dünn ist. Sie sollten daher auch bei einem halben Tank die Möglichkeit zum nachtanken nutzen, wenn sich diese ergibt.

Parken

Sie stehen plötzlich vor Ihrem Mietwagen und freuen sich auf die erste Fahrt. Sie merken aber, dass das Auto doch sehr groß ist. Während in Deutschland eher der Kleinwagen das Straßenbild prägt, sind es in den USA große Autos und viele scheuen sich vor der ersten Fahrt. Zusätzlich ist die Gangschaltung in den USA eher unüblich, jedoch werden Sie den Komfort der Automatikschaltung sehr schnell zu schätzen wissen. In der Regel werden Sie Ihr Auto im Parkhaus abholen und mit diesem ins Hotel fahren.

Lassen Sie sich von der Größe vom Fahrzeug nicht abschrecken, da die Amerikaner große Autos gewohnt sind und Parkplätze bzw. Parkhäuser nicht mit unseren vergleichbar sind. Sogar in großen Städten, mit Platzmangel, wird an der Größe vom Parkplatz nicht gespart. Sie können theoretisch sogar einen Wohnwagen problemlos in einem amerikanischen Parkhaus einparken.

Fast jedes große Hotel in Las Vegas besitzt für die eigenen Besucher ein kostenloses Parkhaus. Sie sollten bereits beim Check-In darauf hinweisen, dass Sie mit dem Auto angereist sind oder noch anmieten werden. Ihnen wird eine Karte ausgestellt, welche Sie eventuell vorne in Ihr Fahrzeug legen müssen. Bei der Einfahrt holen Sie sich ein reguläres Parkticket und beim verlassen wird die Hotelkarte vom Empfang geprüft und Sie können weiterfahren und müssen natürlich nichts bezahlen.

Tipp zur Abholung

Besonders abends sind die Straßen am Las Vegas Strip voll und der Verkehr staut sich an den Ampeln, daher empfiehlt sich eine Abholung gegen Nachmittag.

Valet Parking und Self Parking

Für Touristen aus Deutschland ist ein Parkservice eher ungewohnt. In einem Parkhaus werden Sie auf Parkplätze für "self-parking" oder "valet-parking" stoßen. Sollten Sie Ihr Auto selber parken, dann ist dieser Bereich für Sie reserviert. Meistens ist der "self-parking" Bereich in den oberen Stockwerken im Parkhaus.

Unter "valet-parking" versteht man einen speziellen Service, der von fast allen Hotels in Las Vegas angeboten wird. In der Einfahrt stehen Mitarbeiter, welche die Aufschrift "valet-parking" auf dem Rücken tragen. Möchte man das eigene Auto nicht selber parken, dann können Sie den Schlüssel einem der Mitarbeiter geben und dieser parkt das Auto für Sie. Als Kunde erhalten Sie eine Karte, welche Sie vorlegen müssen und schon wird Ihr Auto wieder aus dem Parkhaus gefahren. Aus diesem Grund sind "valet-parking" Parkplätze in der Regel in unteren Bereich vom Parkhaus, so soll der Kunde sein Auto schnell erhalten. Beachten Sie, dass bei der Abholung ein Trinkgeld in Höhe von 2 bis 5 Dollar erwartet wird.

Wichtig

Valet Parking ist in den USA ein üblicher Service, der mittlerweile auch von einigen Supermärkten angeboten wird. Oft handelt es sich um Studenten, die nebenbei etwas Geld verdienen möchten. Sie sollten den Schlüssel jedoch nie aushändigen, wenn Sie den Verdacht haben, dass es sich eventuell nicht um einen Mitarbeiter handelt. So kann es passieren, dass Sie in Las Vegas auf der Straße angesprochen werden, bei der Suche nach einem Parkplatz. Ihr Auto wird in diesem Fall möglicherweise geklaut. Ebenfalls kann es problematisch werden, wenn der Mietwagen nicht für "valet-parking" versichert ist und ein Schaden von Ihnen erst spät erkannt wird und Sie diesen möglicherweise aus eigener Tasche bezahlen müssen.

Straßenverkehr

Vorab kann ich Ihnen sagen, dass eine Fahrt in den USA in der Regel deutlich entspannter ist, als in Deutschland. Es handelt sich um lange Strecken und die Straßen sind meistens einfach nur gerade, daher wird der Tempomat aktiviert und man genießt die wunderschöne Aussicht. Als Urlauber aus Deutschland sollten Sie sich ausführlich über die aktuellen Gesetze informieren, da ein Buch nie aktuell sein kann. Ich möchte Ihnen die wichtigsten Informationen mitgeben, damit es keine bösen Überraschungen gibt.

Tempolimit auf Straßen

Abseits der Städte herrscht ein Tempolimit von ca. 75 Meilen, was etwa 120 Stundenkilometer entspricht. Sie sollten dieses Tempolimit nicht überschreiten, da die Polizei mit "Temporasern" kein Mitleid hat. So wird die Einhaltung teilweise aus Helikoptern kontrolliert und Sie werden sich wundern, wie schnell ein Polizeiwagen plötzlich hinter Ihnen fährt. Oft steht die Polizei hinter Büschen oder aber unter Brücken. Stellen Sie sich auf dieses Tempolimit ein planen Sie die Fahrtzeit von langen Strecken entsprechend.

Länge von Auffahrten

Irgendwann müssen Sie auf einen Highway oder eine Interstate auffahren und die Auffahrten sind in der Regel sehr kurz oder gar nicht vorhanden. Beachten Sie daher, dass ein Fahrzeug eventuell auf der Spur ist, auf der Sie beschleunigen möchten. Zusätzlich ist es vereinzelt nicht unüblich, dass man auch links auffährt.

Überholen auf Autobahnen

Auf dem Highway oder der Interstate gibt es in der Regel drei oder vier Spuren und man darf auch rechts überholen. Sollten Sie die Spur wechseln wollen, dann kann auch plötzlich rechts neben Ihnen ein Fahrzeug befinden.

Straßenverkehr in der Stadt

In den Städten gibt es gleich drei Herausforderungen, denen man sich als Fahrer stellen muss. Ein "Rechts vor Links" ist unüblich und an Kreuzungen stehen Stoppschilder. Wer zuerst an ein Stoppschild kommt, darf auch fahren. Man muss jedoch an einem Stoppschild das Fahrzeug für ein paar Sekunden anhalten.

Wenn man in eine Straße einbiegt, dann kreuzen eventuell ein paar Fußgänger die Straße. Ein Blick auf die Ampel verrät jedoch, dass diese eigentlich rot haben. Ein Problem, dass immer wieder zu Unfällen führt. Fußgängen haben eine rote Ampel und neben dieser läuft ein Countdown. Jedoch gilt dieser Countdown für die Fußgänger und gibt die Zeit an, die noch für das übergeben bleibt bis die Ampel für Fußgänger komplett rot ist.

Sollten an der Straße keine Fußgänger stehen und kein Fahrzeug kommen, dann dürfen bzw. müssen Autofahrer nach rechts abbiegen, auch bei einer roten Ampel. Es gilt jedoch nicht, wenn man nach links abbiegen möchte. Eine Besonderheit stellen ebenfalls die Ampeln dar, da diese sich am Ende einer Kreuzung befinden, während in Deutschland die Ampeln am Anfang der Kreuzung stehen.

Müll aus dem Fahrzeug werfen

Besonders teuer kann es werden, wenn man aus dem fahrenden oder stehenden Fahrzeug etwas wirft. Es gilt als Umweltverschmutzung und kostet in den USA min. 1.000 Dollar und wird von der Polizei auch eingefordert.

Raststätten

Zuletzt sei noch erwähnt, dass Pinkelpausen auf langen Fahrten zu einem Problem werden können. Raststätten sind selten und sollten daher genutzt werden. Sie werden sich sicherlich wundern, dass auch mitten in der Wüste Mitarbeiter die Reinigung der Toiletten übernehmen und dies sollte mit einem Trinkgeld belohnt werden.

Verhalten beim Unfall

Sollte es trotz alles Vorsicht einmal zu einem Unfall kommen, dann sollten Sie die Polizei hinzuziehen. Ihr Vermieter wird von Ihnen ein Protokoll mit allen Details zum Unfallhergang verlangen. Sie sichern sich zusätzlich auch ab, sollte ein Schaden reklamiert werden, dann können Sie mit dem Protokoll der Polizei nachweisen, dass dieser zum Unfallzeitpunkt noch nicht vorhanden war. Auf den Autobahnen stehen im Abstand von wenigen Kilometern Notrufsäulen, welche Sie nutzen können. Eine weitere Alternative kann eine SIM Karte für die USA sein, welche Sie z.B. über Amazon bestellen können.

Shoppen in Las Vegas

Shoppen gehört zum Urlaub einfach dazu und Las Vegas bietet besonders viele Möglichkeit für Besucher, egal ob Sie etwas Kleidung oder nur Essen kaufen möchten. In jedem Hotel in Las Vegas gibt es einen kleinen Kiosk, jedoch sind die Preise teilweise sehr hoch. Als Faustregel gilt, dass die Preise umso höher sind, umso zentraler die Lage vom Geschäft ist. Besonders der Mythos, dass Kleidung in den USA sehr günstig ist hält sich hartnäckig. Es gibt zwar immer noch Schnäppchen, diese findet man aber auch in Deutschland. Es ist ein Trugschluss zu denken, dass man alles günstig kaufen kann, nur weil man in den USA ist. Zum einen werden die Preise ohne Steuer ausgewiesen und erst an der Kasse sieht man den Preis, welchen man bezahlen muss. Zum anderen hilft der Wechselkurs vom Euro zum Dollar etwas, wenn man günstig einkaufen möchte.

7 Eleven

Ein typischer 7 Eleven Shop

7 Eleven sind in Las Vegas fast überall rund um die Uhr geöffnet und eignen sich perfekt für den kleinen Einkauf. Vom Sortiment kann man einen 7 Eleven mit einem typischen Discounter in Deutschland vergleichen. In den frühen Morgenstunden werden belegte Brötchen verkauft, welche jedoch mit einem Preis zwischen 4 und 5 Dollar nicht günstig sind. Wer einen Tagesausflug plant, der kann sich in einem 7 Eleven mit Snacks, Getränken und Eiswürfeln eindecken.

Ein Walmart in den USA

Walmart zählt in den USA zu den bekanntesten Supermärkten und auch in der kleinsten Stadt findet sich oft ein Walmart. Im inneren werden auf einer riesigen Fläche unterschiedliche Produkte verkauft. Zusätzlich besitzen oft große Ketten direkt am Eingang ein eigenes kleines Restaurant. Ein Walmart eignet sich perfekt für einen größeren Einkauf, da die Preise oft günstiger und die Auswahl größer ist.

Walmart in der Nähe von Downtown Las Vegas

Walmart Supercenter
4505 W Charleston Blvd
Las Vegas
NV 89102

Walmart in der Nähe vom Las Vegas Strip

Walmart Supercenter
201 North Nellis Boulevard
Las Vegas
NV 89110

Outlet Store

Outlet Store in Las Vegas Downtown

Im Süden von Las Vegas befindet sich eine große Einkaufsmeile mit vielen kleinen Shops bekannter Marken. Obwohl der gesamte Komplex als Outlet Store beworben wird, sind die Preise teilweise sehr hoch und Schnäppchen muss man lange suchen. Sollte man einkaufen wollen, dann sollte man die Mittagsstunden meiden. In dieser Zeit ist es sehr heiß und ein Aufenthalt kann sehr unangenehm werden.

Anschrift:

875 S Grand Central Pkwy
Las Vegas
NV 89106

Dress for less

Wer in Las Vegas günstig einkaufen möchte und echte Schnäppchen von bekannten Marken sucht, der sollte sich etwas Zeit nehmen und im Shop von Dress for less am Las Vegas Strip in der Nähe der Coca Cola World bzw. Hard Rock Café einkaufen. Auf mehreren Etagen werden Kleidung, Schuhe, Uhren, Schmuck und Parfüm verkauft. Obwohl das Geschäft unscheinbar wirkt, werden Produkte von weltweit bekannten Designern verkauft, wie ein T-Shirt für 20 Dollar von Calvin Klein.

Walgreens

Walgreens in Las Vegas

Walgreens ist die größte amerikanischen Apothekenkette und im ganzen Land bekannt. In Las Vegas finden sich einige Filialen dieser Kette und bieten neben der guten Beratung auch ein großes Angebot an Medikamenten und Produkten. Jedoch sind die Preise etwas höher als in Deutschland und bei akuten Schmerzen sollte man vorher immer einen Arzt aufsuchen → siehe auch Auslandskrankenversicherung.

Fazit

Obwohl Las Vegas sehr touristisch ist, leben auch in dieser Stadt normale Menschen die einen normalen Beruf ausüben. Wer abseits der touristischen Hotspots die Stadt erkundet, der wird schnell das echte Las Vegas kennenlernen, ohne große Hotels und Shows. In vielen Geschäften sind die Preise deutlich günstiger und auch außerhalb von Downtown und vom Strip gibt es kleine Restaurants mit einer sehr guten Küche. Besonders die kleinen Familienbetriebe bieten eine große Auswahl an leckeren Speisen, mit teilweise sehr großen Portionen und dies zu kleinen Preisen. Ein Ausflug mit dem Bus oder dem Mietwagen in die Stadt kann sich lohnen, wenn man die Menschen näher kennenlernen möchte und nicht nur die Spielerstadt Las Vegas.

Las Vegas erkunden

Von nördlichsten Punkt, der Fremont Street, bis zum südlichsten Punkte, dem Las Vegas Schild, sind es nur knapp 12 KM. Viele Touristen gehen davon aus, dass sich diese Strecke perfekt für einen längeren Spaziergang eignet zur Erkundung von Las Vegas und wundern sich, dass dieser Spaziergang 5 bis 6 Stunden dauern kann. Obwohl der gesamte Strip sehr kurz wirkt, sollte man die Entfernungen nicht unterschätzen, da Las Vegas seine eigenen Gesetze hat und kurze Strecken künstlich in die Länge gezogen werden.

...als Fußgänger

Als Touristen werden Sie viele, sehr viele Kilometer, in Las Vegas laufen und sich wundern, dass ein einfacher Straßenwechsel sehr kompliziert sein kann. Viele Wege führen durch ein Casino und auch Sie werden sich sicherlich verlaufen. Viele Casinos am Strip sind sehr groß und bestehen, neben Casino und Hotelzimmern, aus Geschäften, Theatern bis zu ganzen Achterbahnen oder Riesenrädern. Bei einem vermeintlich kurzen Spaziergang werden Sie immer in Richtung eines Casinos geleitet, teilweise ohne es zu merken. Oft hört der Fußgängerweg einfach auf und man steht plötzlich vor einem Casino und muss durch das Casino, um z.B. die Straßenseite zu wechseln.

Tipp - Immer eine Wasserflasche mitnehmen

Besonders zur Mittagszeit kann ein Spaziergang sehr unangenehm werden, da die Temperaturen teilweise mehr als 45 °C betragen und die Luft durch den Verkehr sehr schmutzig ist, teilweise kann man die Abgabe schon schmecken. Während der Magen nur selten knurrt, werden Sie schnell Durst bekommen und daher sollte man immer eine Wasserflasche bei sich tragen. Sollten Sie dennoch einmal Abkühlung suchen, dann können Sie einfach in ein klimatisiertes Casino gehen.

Vorsicht: Jaywalking

Unter dem Begriff Jaywalking versteht man das überqueren einer Straße bei einer roten Ampel oder aber das überqueren einer Straße ohne Zebrastreifen. Sie sollten dies unbedingt vermeiden, da in Las Vegas zahlreiche Polizisten patroulieren und eine Strafe von bis zu 200 Dollar droht, wenn man Sie erwischt werden.

Hotels in Las Vegas Downtown

Ich werde den Stadtteil Downtown in einem eigenen Kapital gesondert vorstellen. Sollten Sie sich für ein Hotel in Downtown entscheiden, dann sollten Sie mit dem Bus oder dem Taxi zum Strip fahren. Besonders die Straßen rund um den Stratosphere Tower und Fremont Street Experience können abends gefährlich sein und sind daher zu meiden.

...mit dem Taxi

Ein Taxi, oder auch "Yellow Cab" ist sicherlich die einfachs te und bequemste Möglichkeiten um von A nach B zu kommen. Eine Möglichkeit für eine Taxifahrt bietet sich direkt am Flughafen von Las Vegas, wenn Sie in Ihr Hotel fahren möchten. Während in Deutschland nach der Fahrtzeit abgerechnet wird, ist in den USA die Abrechnung nach gefahrenen Kilometern üblich. Sollten Sie z.B. mal eine Stunde im Stau stehen, dann müssen Sie dafür auch nicht bezahlen. Bei der Nutzung von einem Taxi wird ein Grundpreis von ca. 3,30 Dollar berechnet und ca. 2,90 Dollar pro gefahrene Meile. Sie können ein Taxi auch für eine Stunde zu einer Pauschale von 30 Dollar mieten, wenn der Taxifahrer einverstanden ist. Eine Besonderheit in Las Vegas ist, dass Taxifahrer keine Fahrgäste am Straßenrand mitnehmen dürfen. Sie müssen daher zu einem Taxistand in einem Hotel gehen und können dort in ein Taxi einsteigen.

...mit dem Bus

Eine sehr bequeme Möglichkeit Las Vegas zu erkunden bietet der Bus. Las Vegas besitzt ein sehr einfaches System der Preisgestaltung. Als Tourist kaufen Sie ein Ticket, welches von 2 Stunden bis zu 3 Tage gültig ist und können mit diesem alle Busse in Las Vegas nutzen. Verteilt über Las Vegas stehen die Ticketautomaten der "Regional Transportation Commission of Southern Nevada",kurz RTC.

Ticketautomat RTC am Las Vegas Strip

An den Automaten kann man mit Bargeld oder Kreditkarte bezahlen, vereinzelt stehen auch Mitarbeiter davor und beantworten die Fragen der Fahrgäste. Sie benötigen ein Ticket vor Fahrtantritt, da in den Bussen keine Tickets verkauft werden. Mit einem RTC Ticket kann man günstig über den gesamte Strip bis nach Downtown Las Vegas fahren.

Für wen lohnt sich das RTC Ticket ?

Sollten Sie ein Hotel direkt am Las Vegas Strip gebucht haben, dann werden Sie den Bus kaum bis gar nicht benötigen. Für Touristen mit einem Hotel in Downtown Las Vegas bzw. an der Fremont Street Experience ist das Ticket eine günstige Option um zum Strip zu fahren. Merken müssen Sie sich die beiden RTC Buslinien "Deuce" und "SDX". Beide Busse pendeln 24 Stunden am Tag zwischen dem Las Vegas Strip und Downtown. Während der Deuce vor mehreren Hotels anhält, ist der SDX "Strip Downtown Express" etwas schneller, wenn man direkt zum Strip oder aber nach Downtown fahren möchte.

Tipp - Stadtrundfahrt

Eine Rundfahrt in Las Vegas für mehr als 60 Euro pro Person können Sie sich sparen. Kaufen Sie einfach ein RTC Ticket für 3 Tage und Sie können mit dem Ticket kostengünstig ganz Las Vegas erkunden.

Tipp - Flughafen Las Vegas

Für den Flughafen in Las Vegas existiert eine eigene Buslinie, welche unter der Route "WAX" von Downtown über den Strip bis zum Flughafen verkehrt. Ein Nachteil der Buslinie ist, dass die Fahrtzeit bis zu einer Stunde betragen kann. Im Bus können Sie auch größere Koffer problemlos unterbringen und der Bus hält z.B. direkt vor dem Terminal 2.

...mit der Monorail

Auf vielen Internetseiten wird die Monorail von Las Vegas als Alternative zum Bus oder Taxi angepriesen und Touristen erwarten daher ein stark ausgebautes Netz, mit dem man durch die ganze Stadt fahren kann. Leider entspricht dies nicht ganz der Wahrheit. Wenn Sie in Las Vegas den Strip erkunden, dann können Sie gerne einmal versuchen die Monorial zu finden - Sie werden merken, dass dies gar nicht so einfach ist.

Bei der Monorail handelt es sich eher um eine Schnellverbindung zwischen einzelnen Hotels am Las Vegas Strip. Sie befindet sich auf der Rückseite der Hotels und verbindet auf der gesamten Strecke vom Las Vegas Strip nur ganze 7 Hotels miteinander. Sie können vom südlichen Strip beim MGM Grand einsteigen und bis zum SLS Hotel fahren, welches sich am Ende vom Strip befindet. Auf der linken Seite vom Strip verbindet eine weitere Monorail Strecke einzelne Hotels über kurze Entfernungen, von wenigen 100 Metern. In Las Vegas wird die Monorail hauptsächlich von Besuchern genutzt, die eine kurze Strecke fahren möchten, wenn es zu heiß für einen Spaziergang ist. Eine Monorail ist sicherlich eine gute Idee, jedoch ist die Umsetzung in Las Vegas nicht perfekt umgesetzt.

Ein Hotel in Las Vegas finden

Ein Hotel in Las Vegas ist schon für die Einreise in die USA notwendig, da Sie eine amerikanische Anschrift bei der Einreise angeben müssen. Leider kann die Suche nach einem Hotel sehr zeitaufwendig sein und es gibt ein paar Fallen, in die man als Tourist tappen kann. Sollten Sie noch nie in Las Vegas gewesen sein, dann können Sie Angaben wie "Las Vegas Downtown", "Fremont Street" oder "Las Vegas Strip" örtlich schlecht bis gar nicht einschätzen. In diesem Kapitel wollen wir uns daher die jeweiligen Regionen von Las Vegas einmal genauer anschauen. In vielen Prospekten und auf Internetseiten werden die Hotels und deren Umgebung oft digital nachbearbeitet und entsprechen daher le ider kaum bis gar nicht der Realität. Ich habe daher absichtlich keine digitale Bildbearbeitung vorgenommen. Sie finden in diesem Kapitel realistische Bilder von Las Vegas und von zahlreichen Hotels. Sie erfahren, welche Nachteile oder Vorteile einige Hot els haben und worauf Sie bei der Buchung achten sollten.

Unterschätzte Kosten - Resortgebühren

Sie haben Ihr Hotel bereits in Deutschland gebucht und denken, dass dieses bereits komplett bezahlt ist ? Dann erleben Sie in Las Vegas eventuell eine böse Überra schung. Fast alle Hotels in Las Vegas erheben eine sogenannte Resort Fee und diese muss von Ihnen als Kunde beim Check-In im Hotel direkt bezahlt werden. Leider werden die Kunden in vielen Prospekten darüber nicht informiert und daher ist die Verwunderung oft groß und bietet Stoff für Diskussionen mit dem Hotelpersonal. Bereits seit 2009 wird von vielen Hotels die Gebühren erhoben und beinhalten z.B. kostenloses W-LAN, in einer oft sehr schlechten Qualität. Als Urlauber sollten Sie die zusätzlichen Kosten nicht unterschätzen, da diese bei einigen Hotels bei 35 Dollar pro Übernachtungen liegen. Bei einem 10-tätigen Aufenthalt in Las Vegas kann dies die Urlaubskasse sehr schnell schmälern. Informieren Sie sich daher vor der Buchung direkt auf der Hotelseite üb er die Gebühren, welche zusätzlich gezahlt werden müssen. Ein vermeintlich günstiges Schnäppchen kann sich sehr schnell zu einer Kostenfalle entwickeln.

Die Qualität der Hotels in Las Vegas

Als Urlauber müssen Sie sich darauf einstellen, dass die Qualität und Ausstattung der Hotels in Las Vegas nicht mit den Hotels in Deutschland vergleichbar ist. In Las Vegas wird gezockt und die Hotelzimmer dienen vielen nur der Übernachtungen nach einer langen Nacht. Sie sollten daher nicht überrascht sein, wenn der Tep pich im Zimmer nicht gesaugt, der Duschkopf eventuell verkalkt ist oder bereits einen kleinen Ansatz von Schimmel besitzt. Auf meinen zahlreichen Reisen in den USA habe ich mittlerweile gelernt, dass der Preis fast nichts über die Qualität vom Hotelzimmer aussagt und man die Qualität der Hotelzimmer einfach als Erfahrungswert einer Reise mitnehmen sollte.

Es bringt in der Regel auch wenig bis gar nichts sich beim Personal zu beschweren, da man diesen Standard als normal empfindet. Besonders ungewohnt für Urlauber aus Deutschland wird die Wasserqualität sein. Es wird, teilweise sehr stark, mit Chlor versetzt und ist nicht trinkbar, reicht aber für eine Dusche absolut aus. Meistens stehen kleine Wasserflaschen im Zimmer, welche man für die Zahnreinigung oder für den Kaffee morgens nutzen sollte.

Der 2 Dollar Trick

Reinigungskräfte in den USA haben oft nur ein kleines Zeitfenster für die Reinigung der Zimmer. Sollte man sich etwas mehr Service wünschen, wie frische Handtücher oder neue Bettlacken, dann sollte man 2 Dollar auf das Bett legen mit einem Zettel für die Reinigungskraft auf dem steht:

"Thank you for cleaning our room, please accept this gift"

In der Regel werden die 2 Dollar verschwinden und das Zimmer wird etwas gründlicher geputzt. Eine Besonderheit stellen z.B. die amerikanischen Toiletten dar, welche etwas größer sind und über keine Toilettenbürste verfügen. Sie können mit dem 2 Dollar Trick die Motivation der Reinigungskraft anheben, damit auch die Toilette gründlicher geputzt wird.

Der 20 Dollar Trick

Ein weiterer Trick kann beim Check-In im Hotel helfen ein kostenloses Upgrade auf ein hochwertiges Zimmer zu bekommen. Sie müssen bei allen Hotels eine Kreditkarte hinterlegen, z.B. für die Kaution. Sollten Sie nach Ihrer Kreditkarte gefragt werd en, dann wickeln Sie diese einfach in einen 20 Dollar Schein ein und sagen zum Mitarbeiter höflich:

"Do you have any complimentary upgrades available?"

Mit etwas Glück wird der Mitarbeiter prüfen ob man ein besseres Zimmer bekommen könnte und zwar kostenlos. Ist ein Zimmer verfügbar, dann wird der 20 Dollar Schein den Besitzer wechseln und sollte ein Upgrade nicht möglich sein, dann erhalten Sie den 20 Dollar Schein unauffällig zurück. Ein Trick, der sich mittlerweile rumgesprochen hat und auch als "20 Dollar Sandwich" in den USA bekannt ist. Eine Garantie existiert nicht, aber versuchen können Sie es im Hotel.

Hotels in Downtown Las Vegas

Eher unbekannt - Das Las Vegas Downtown Schild

Viele Besucher kennen das weltbekannte Las Vegas Schild, welches sich am Anfang vom Las Vegas Strip befindet. Es gibt jedoch noch ein zweites Schild, welches kaum bekannt ist und zwar in Las Vegas Downtown. Las Vegas Downtown ist weniger bekannt und daher sind viele Urlauber verwundert, dass Ihr Hotel weit abseits vom eigentlichen Strip in diesem Stadtteil liegt. Es muss jedoch keineswegs ein Nachteil sein, da man in Downtown das echte und alte Las Vegas kennenlernen kann. Hier wohnen viele Angestellte der großen und bekannten Hotels, es gibt zahlreiche kleine, günstige und sehr gute Restaurants und einige sehr günstige Hotels bzw. Motels. Während der Strip eher bei Touristen beliebt ist, kommen nach Downtown überwiegend Amerikaner für einige Tage. Hier sind die Hotels deutlich kleiner und weniger Spektakulär, als am bekannten Strip.

Fremont Street Experience

In den USA ist der Konsum von Alkohol erst ab 21 Jahren legal und daher feiern viele Amerikaner Ihren 21ten Geburtstag in Downtown und der berühmten Partymeile Fremont Street. Es handelt sich um eine Straße, welche im Jahr 1905 gegründet wurde und daher fast so alt ist, wie Las Vegas selbst. Herzstück der Fremont Street ist die Partymeile "Fremont Street Experience", auf der jeden Abend Konzerte veranstaltet werden und die ein deutlich intensiveres Nachtleben bietet als der eigentliche Strip. Überdacht ist die Fremont Street Experience mit einer Lichtkuppel, welche mit rund 12 Millionen LED bestückt ist und all abendlich ein farbenfrohes Lichtspiel veranstaltet, welches von mehr als 200 Boxen mit einer Leistung von mehr als 500.000 Watt musikalisch unterstützt wird. Auf engstem Raum wird abendlich gefeiert und besonders am Wochenende müssen sogar einzelne Bereiche abgesperrt werden, da der Andrang so hoch ist. Zusätzlich befinden sich in der Fremont Street zahlreiche Hotels, welche deutlich günstiger sind als die großen Hotels direkt am Strip. Viele günstige Angebote aus Prospekten bieten genau diese Hotels an. Obwohl die Fremont Street Experience ein beeindruckendes Nachtleben bietet, sollte man die Lautstärke nicht unterschätzen und die Entfernung zum Las Vegas Strip.

Lichtkuppel - Fremont Street Experience

Die Lichtkuppel macht die Nacht zum Tag und tausende Besucher die Ihre Lieblingslieder mitsingen können auf Dauer sehr nervig sein. Sollten Sie einen ruhigen Urlaub in Las Vegas buchen wollen, dann ist die Fremont Street Experience definitiv nicht zu empfehlen und Sie sollten daher die folgenden Hotels definitiv meiden.

The D Casino & Hotel

Über dieses Hotel gibt es im Internet einige negative Erfahrungsberichte, welche jedoch nicht mehr aktuell sind. Vor einigen Jahren wurde das The D komplett renoviert und zählt heute zum saubersten und schönsten Hotel innerhalb der Fremont Street Experience. Im Erdgeschoß befindet sich ein typisches Casino mit zahlreichen Spielautomaten und bereits morgens tanzen junge Frauen zu Musik und animieren die Gäste zum trinken und spielen.

Die Poolanlage

Für die Gäste wird ein kostenloser kleiner Pool angeboten, welcher sich jedoch neben einem Parkhaus befindet und zusätzlich direkt an der Hoteleinfahrt liegt. Jedoch ist der Pool sauber und es werden kostenlose Strandtücher angeboten. Neben dem Pool gibt es zwei Duschen und einen Jacuzzi, der sich jedoch durch die Sonne stark erhitzt.

Die Zimmer

Im Angebot gibt es normale Zimmer und Suiten, welche mit einem deutlichen Aufpreis gemietet werden können. Alle Zimmer werden täglich gereinigt und bieten einen kostenlosen Safe und Fernseher. Auf fast jeder Etage gibt es kostenlose Automaten für Eiswürfel und in den oberen Etagen befindet sich ein Fitnessstudio, welches jedoch nicht durchgehend geöffnet ist und für das man sich vorher anmelden muss.

Unterhaltungsprogramm

International bekannt wurde das Hotel The D durch die Boxkämpfe, welche regelmäßig im Hotel ausgetragen werden. Oft geht eine solche Veranstaltung über mehrere Tage und wird auf der Fremont Street Experience auf Fernsehern ausgestrahlt.

Bei amerikanischen Touristen ist das Hotel hingegen für seine abendlichen Shows bekannt, welche teilweise bereits ab 17:00 Uhr beginnen. Direkt am Haupteingang befindet sich eine große Bühne, auf der Künstler unterschiedlicher Musikrichtungen auftreten.

Kulinarisches

Im zweiten Stockwerk befindet sich das Restaurant "The D Grill", welches besonders leckere Steaks in unterschiedlichen Variationen anbieten. Als Gast von diesem Hotel bekommt man einen 5 Dollar Gutschein pro Zimmer und Aufenthalt.

Wer sich das Restaurant nicht leisten kann, der kann sich einen kleinen Snack bei Mc Donald's holen, dem einzigen auf der Fremont Street Experience.

Ausstellung

Direkt an der Rolltreppe zum "The D Grill" befindet sich eine kleine Ausstellung von alten Spielautomaten. Viele Gäste gehen an diesen Automaten vorbei und schenken diese keine Beachtung, jedoch wird an den Spielautomaten der Fortschritt im Las Vegas deutlich.

Parkhaus

Direkt gegenüber vom The D befindet sich ein großes Parkhaus, welches fälschlicherweise als das Parkhaus vom The D angesehen wird. Es handelt sich jedoch um ein öffentliches Parkhaus und ist daher kostenpflichtig. Im The D gibt es, etwas versteckt, ein eigenes Parkhaus. Es befindet sich direkt zwischen Pool und Einfahrt, auf der linken Straßenseite. Möchte man das Auto selber parken, dann muss man nur durch die Hoteleinfahrt fahren und direkt nach rechts abbiegen, eine Alternative bietet der Parkservice vom Hotel.

Resortgebühren

Pro Nacht im Zimmer müssen Sie beim Check-In ca. 23 Dollar bezahlen. Inbegriffen ist kostenloses WiFi, welches morgens und mittags nicht überlastet ist.

Anschrift

301 Fremont Street
Las Vegas
NV 89101

Direkt zur Buchung : www.reisewort.de/the-d.html (*)

Das "Four Queens Hotel & Casino"

Viele günstige Las Vegas Reisen werden in Kombination mit dem Four Queens Hotel und Casino angeboten. Beim Four Queens handelt es sich um das wohl günstigste Hotel an der Fremont Street Experience, welches bereits im Jahr 1966 fertiggestellt wurde. Es handelt sich nicht um das modernste Hotel, jedoch ist die Ausstattung absolut ausreichend für ein paar Übernachtungen in Las Vegas. Im Hotel befinden sich knapp 680 Zimmer mit einem Casino im Erdgeschoss. Eine Übernachtung wird bereits ab ca. 30 Euro angeboten.

Die Lage vom Hotel

Das Hotel befindet sich direkt gegenüber vom The D und daher mitten in der Fremont Street Experience. Für Gäste die Lust auf ein paar "wilde Nächte" haben, ist dieses Hotel perfekt geeignet. Es ist günstig und erhebt keine Resortgebühren, daher leider auch kein kostenloses Internet oder aber Pool. Wer Internet nutzen möchte, der muss knapp 9 Dol lar pro 24 Stunden bezahlen um ein optionales Paket buchen.

Pool

Ein entscheidender Nachteil ist jedoch, dass das Hot el keinen eigenen Pool besitzt. Als Gast können Sie jedoch den Pool vom Partnerhotel Binion's auf der gegenüberliegenden Straßenseite nutzen, mit einem tollen Blick auf den Las Vegas Strip.

Anschrift
202 Fremont Street
Las Vegas
NV 89101
Direkt zur Buchung : www.reisewort.de/4-queens.html (*)

Binion’s Gambling Hall

Ein eher unbekanntes Hotel, welches auch bei vielen Kombireisen kaum Beachtung findet. Es handelt sich um das Partnerhotel vom Four Queens und bietet viel Service und saubere Zimmer für kleines Geld. Ein Highlight ist der Pool im 24ten Stockwerk, der einen tollen Blick auf Downtown und den Las Vegas Strip bietet. Neben dem Pool stehen auch einige kostenlose Liegen und Handtücher zur Verfügung. Sollte man kein Zimmer im Hotel besitzen, dann kann man trotzdem versuchen abends in den 24ten Stock zu fahren. Bereits bei Dämmerung kann man sehen, wie am Las Vegas Strip die Hotel beleuchtet werden und die Sonne über den Bergen untergeht. Im Erdgeschoß befinden sich zahlreiche Fast Food Ketten und Restaurants, die leckere Speisen für kleines Geld anbieten.

Resortgebühr: Keine Resortgebühr

Anschrift

128 Fremont St
Las Vegas
NV 89101

Direkt zur Buchung : www.reisewort.de/binion.html (*)

Plaza Hotel und Casino

Auch bei Hotels ist der Standort ausschlaggebend für den Erfolg. Am Ende der Fremont Street Experience befindet sich das Plaza Hotel und Casino. Bereits am Eingang merkt man, dass deutlich weniger los ist als in anderen Hotels. Es handelt sich eher um ein ruhiges Hotel, welches bei älteren Gästen beliebt ist. Obwohl die Eröffnung vom Pool bereits vor Wochen angekündigt war, ist immer noch kein Pool vorhanden (Stand Juni, 2016). Im Jahr 2010 wurde das Hotel für knapp 35 Millionen Dollar renoviert und trotzdem scheint der Erfolg auf sich warten zu lassen. Beim Spaziergang über die Fremont Street Experience wird man ständig von einem Promoter angesprochen, welcher auf die Show s im Plaza hinweist und Einladungen verteilt. Eigentlich nicht ungewöhnlich, jedoch gibt es keine Promoter für die anderen Hotels. Es scheint, als wäre das Plaza einfach der Außenseiter an der Fremont Street Experience. Sollte man jedoch etwas Ruhe suchen, dann ist das Plaza Hotel und Casino ein ideales Hotel in Las Vegas Downtown.

Resortgebühr: 18 Dollar + Steuer pro Nacht

Anschrift

1 Main Street
Las Vegas
NV 89101
Direkt zur Buchung : www.reisewort.de/plaza.html (*)

The Golden Nugget Hotel & Casino

Mit seinen 1.900 Zimmern ist das Golden Nugget eines der größeren Hotels in Las Vegas Downtown und wurde bereits im Jahr 1946 eröffnet. Passend zum Namen sind die Farben vom Hotel in Gold und Weiß gehalten. Obwohl das Hotel von außen eher unscheinbar wirkt, hat es doch zahlreiche Attraktionen zu bieten. So kann man als Tourist direkt im Hotel an einem Automaten Goldnuggets kaufen, ähnlich wie Zigaretten.

Die Poolanlage

Eigentlich besitzen die großen und bekannten Hotels direkt am Strip in Las Vegas gigantische Poolanlagen, welche bei den Hotels der Fremont Street Experience eher klein ausfallen oder auch gar nicht vorhanden sind. Beim Golden Nugget erwarten den Besucher jedoch eine Überraschung, da das Hotel über eine große Poolanlage mit einem eigenen Haifischbecken verfügt, durch den sogar eine Rutsche führt. Besonders das Haifischbecken im Golden Nugget ist eher unbekannt, da das Mandalay Bay ebenfalls über ein ähnliches Becken verfügt und mittlerweile bekannter ist. Wer einmal entspannen möchte, der wird von der Poolanlage im Golden Nugget sicherlich positiv überrascht sein.

The Hand of Faith Nugget

"The Hand of Faith" Nugget

Eine besondere Attraktion und ausschlaggebend für die Namensgebung vom Hotel ist die "Hand Gottes". Es handelt sich um den größten Goldnugget, der je gefunden wurde und dies nur mit einem Metalldetektor. Im Jahr 1980 wurde der knapp 27 KG schwere Goldnugget von Kevin Hillier in Australien entdeckt. Völlig unscheinbar wird der Goldnugget in einem kleinen Raum ausgestellt, welcher sogar schwer zu finden ist. Neben der Hand Gottes wird der kleinere Goldnugget "Robin's Nugget " ausgestellt.

Das Hotel eignet sich sehr gut für Gäste, die ein günstiges Hotel suchen mit einen tollen Pool, welches nicht weit abseits der Fremont Street Experience liegt.

Resortgebühr

Pro Tag und Übernachtung fallen zusätzlich ca. 27 Dollar Gebühr an. In der Gebühr sind Internet und der Zugang zum Pool inbegriffen.

Anschrift

129 Fremont Street Experience
Las Vegas
NV 89101
Vereinigte Staaten
Direkt zur Buchung : www.reisewort.de/golden-nugget.html (*)

Hotel Main Street Station - Las Vegas Downtown

Auf der rechten Seite, neben dem Plaza Hotel, befindet sich dieses kleine urige Hotel. In diesem Hotel erinnert alles an einen Bahnhof aus grauer Vorzeit. Es wurde im Jahr 1978 eröffnet und ist besonders beliebt bei älteren amerikanischen Gästen. Wenn man Lust auf ein Konzert oder eine Veranstaltung hat, dann ist es zur Fremont Street Exper ience ein kurzer Spaziergang von ca. 10 Minuten. Im Hotel hingegen bekommt man von dem Trubel fast nichts mit, daher kann man die Nächte deutlich ruhiger und entspannter verbringen.

Ein Zimmer kann bereits ab einem Preis von 33 Dollar gebucht werden. Auf der eigenen Internetseite werden immer wieder Preisnachlässe angeboten, ein Blick kann sich lohnen.

Resortgebühr: Keine Resortgebühr

Anschrift
200 N Main St
Las Vegas
NV 89101
Direkt zur Buchung : www.reisewort.de/mainstreet.html (*)
Internetseite: www.mainstreetcasino.com

Golden Gate Casino - Las Vegas Downtown

Das Golden Gate Hotel und Casino ist das älteste Casino in Las Vegas und wurde bereits 1906 eröffnet, mit seinen 106 Zimmern ist es auch das kleinste Hotel in Las Vegas. Bekannt wurde das Hotel durch den Verkauf vom ersten Krabbencocktail für nur 99 Cent, welchen man immer noch im Hotel kaufen kann. Nach der Eröffnung wurde dem Hotel ebenfalls die erste Telefonnummer in Las Vegas zugewiesen, welche mit der 1 immer noch gültig ist. Trotz des hohen Alters bietet das Hotel immer noch einen aktiven Hotelbetrieb, einen guten Service und das gesamte Personal ist stolz auf die Geschichte vom Hotel.

Ein Zimmer kann man bereits ab 19 Dollar buchen. Aufgrund der günstigen Preise ist das Hotel für viele Reiseportale nicht attraktiv, da die Provision sehr gering ist und daher ein echter Geheimtipp für alle, die ein günstiges Hotel in Las Vegas suchen und eine oder mehrere Nächste im ältesten Hotel in Las Vegas verbringen möchten.

Resortgebühr: 22.60 Dollar + Steuer und Übernachtung

Anschrift

1 Fremont Street
Las Vegas
NV 89101

Direkt zur Buchung : www.reisewort.de/golden-gate.html (*)

Weltbekannt - Beginn der Stadt am Las Vegas Schild

Es ist das Wahrzeichnen von Las Vegas und zugleich der Beginn vom Las Vegas Strip, das *"Welcome to Fabulous Las Vegas"* Schild. Bereits an diesem Punkt wird sich der Tourist über die Lage wundern, da diese in kaum einem Reiseführer erwähnt wird. Rechts neben dem Schild befindet sich der Flughafen und man kann startende und landende Flugzeuge sehen. Welche fatalen Folgen Las Vegas für manche Touristen bzw. Spieler hatte, kann links neben dem Schild direkt "bewundert" werden. Ein Gang über die Straße und man sieht den Eingang zum Kanalisationssystem von Las Vegas, in dem hunderte von Menschen leben. In Las Vegas werden Sie auch als Höhlenmenschen bezeichnet und kaum einer beachtet Sie.

Anfahrt zum Las Vegas Schild

Das Las Vegas Schild ist problemlos mit dem Bus, z.B. "Deu ce" oder "SDX" erreichbar. Sollte man über einen Mietwagen verfügen, dann kann man das Auto problemlos und kostenlos vor dem Las Vegas Schild parken. Ein Spaziergang zum Schild ist nicht zu empfehlen, da man vom Mandalay Bay Hotel ca. 45 Minuten gehen muss und es über eine längere Strecke keinen Fußgängerweg gibt.

Erinnerungsfotos am Las Vegas Schild

Am Las Vegas Schild bilden sich immer sehr lange Schlangen für ein Erinnerungsfoto und gelegentlich bieten "lizensierte Fotografen" Ihre Dienste an. Sie bie ten den Touristen an, dass Sie das Foto machen können und sollte man kein Trinkgeld in Höhe von 5 Dollar geben, dann kann die Rückgabe vom Handy oder Kamera problematisch werden. Sie können natürlich als Alternative ein Foto von anderen Touristen machen la ssen.

Wissenswertes zum Las Vegas Strip

Hotels, Restaurants und Einkaufsmöglichkeiten bilden den Las Vegas Strip auf dem sich, besonders am Wochenende, tausende Touristen tummeln. Besonders beliebt ist ein kleiner Bereich rund um das Bellagio, mit den bekannten Wasserspielen, dem Caesars Palace und dem Paris Hotel. Tagsüber ist der Strip ruhig und es herrscht wenig Verkehr, während abends und nachts die Stadt pulsiert mit Straßenkünstlern, Musik und einem sehr dichten Verkehr. Sollten Sie ein Foto mit einem der Straßenkünstler machen wollen, dann wird ein Trinkgeld von 5 Dollar erwartet, pro Künstler. Oft treten diverse Künstler als Doppelpack auf und der kurze Schnappschuss kann sehr teuer werden. Sollten Sie nicht zahlen wollen, dann kann auch der gut gelaunte Straßenkünstler laut werden und sein Geld einfordern.

Rund um die Hotels haben sich kleine Kneipen, Restaurants und Geschäfte angesiedelt, welche sich perfekt zum einkaufen oder einem leckeren Abendessen eignen. Jedoch sollte man sich besonders abends auf sehr lange Warteschlangen einstellen, wenn man etwas essen möchte. Aufgrund der hohen Anzahl an Geschäften ist für jeden Geldbeutel etwas dabei, von Hot Dogs für 2 Dollar, Steaks für ca. 20 Dollar bis zum Hamburger für 300 Dollar. Viele Geschäfte haben bis in die Abendstunden geöffnet, jedoch ist Las Vegas keine Stadt mit 24 Stunden Öffnungszeit, was oft vergessen wird. Lediglich in den Casinos herrscht an den Spieltischen und Automaten rund um die Uhr reger Betrieb.

Einer der größten Unterschiede zwischen dem Las Vegas Strip und der Fremont Street Experience ist, dass die Hotels am Strip deutlich größer sind und dafür die Fremont Street die deutlich besseren Partys feiert, besonders am Wochenende.

In diesem Kapitel erhalten Sie einen Eindruck von den Hotels, vom Mandalay Bay am Beginn vom Las Vegas Strip bis zum Stratosphere Tower am Ende vom Strip, und den Besonderheiten, welches jedes Hotel am Las Vegas Strip besitzt. Bei der Buchung sollten Sie beachten, dass die Hotels am Las Vegas Strip deutlich mehr kosten, jedoch auch moderner sind als die Hotels in Las Vegas Downtown. Viele der Hotels bieten besondere Attraktionen an, wie spektakuläre Wasserspiele bis zu einem Zirkus im Casino. Andere Hotels haben bekannte Sterneköche eingestellt und besitzen eine exzellente Auswahl an Speisen und Getränken. Andere Hotels locken die Besucher mit einer Show, für die weltbekannte Künstler extra nach Las Vegas eingeflogen werden und auf dem Strip wird überall Werbung für das Event gemacht. Eine solche Auswahl macht die Suche nach einem Hotel zu einer Herausforderung, bei der ich Sie gerne unterstützen möchte.

Mandalay Bay Hotel Las Vegas

Bereits am Eingangsschild von Las Vegas ist das Mandalay Bay gut sichtbar und bildet den Anfang vom südlichen Strip. Obwohl das Mandalay Bay den Eindruck von einer Hotelanlage vermittelt, handelt es sich um mehrere Hotels in einem Gebäude. So betreibt das " Four Seasons" zwischen den Etagen 35 bis 39 ein eigenes Hotel, welches über eigene Aufzüge und eine eigene Lobby verfügt. Obwohl die Hotelanlage von außen eher klein wirkt, ist das Gebäude von Innen beeindruckend und bietet zahlreiche Attraktionen und Geschäfte.

Für Touristen bietet das Mandalay Bay einen perfekten Standort, da direkt vor dem Hotel kaum Touristen unterwegs sind und sich eher auf die Mitte vom Las Vegas Strip konzentrieren und gleichzeitig ist der Strip vom Hotel fußläufig problemlos zu erreichen.

Highlights

In Las Vegas ist Wasser knapp und dennoch schaffen es einige Hotels fantastische Wasserwelten mitten in der Welt zu schaffen. Eine eher unbekannte Attraktion in Las Vegas ist das Haifischbecken (Shark Reef Aquarium) im Mandalay Bay. In einer künstlichen Wasserwelt leben unterschiedliche Fischarten und natürlich auch Haie.

Alleine das Hauptbecken hat ein Volumen von rund 5.000.000 Litern. Als Besucher kann man die künstliche Wasserwelt durch einen Glastunnel betreten. Neben Attraktionen für Touristen hat sich das Hotel auch auf Konferenzen spezialisiert und bietet mit dem "Events Center" eine Halle mit mehr als 12.000 Plätzen. Im "House of Blues" werden fast jeden Abend Konzerte veranstaltet und die Gäste werden mit einem kulinarischen Angeboten an hochwertigen Speisen und Getränken angelockt.

Zimmer und Pool

Da viele Touristen das Hotel nur zur Übernachtung nutzen und tagsüber zum Strip oder Las Vegas Schild gehen, versuchen die Hoteliers die Besucher stärker an das Hotel zu binden. Im Sommer ist die Poolanlage, welche nur von Gästen genutzt werden darf, die perfekte Möglichkeit zum abkühlen. Obwohl die Poolanlage eine der größten in Las Vegas ist, wird der Pool nur von wenigen Gästen genutzt. Obwohl das Hotel erst im Jahr 1999 eröffnet wurde, sind die Zimmer nicht mehr auf dem aktuellsten Stand. Im Internet häufen sich die Berichte, dass die Zimmer mittlerweile sehr abgewohnt sind. Jedoch ist der Hotelstandard in den USA anders als in Deutschland, worauf Sie sich als Tourist einstellen müssen.

Casino

Im Mandalay Bay wird sehr viel Wert auf die Spieler aus unterschiedlichen Ländern gelegt, daher sind viele Unglückszahlen im Hotel nicht zu finden. So gibt es kein Stockwerk 13 und ab dem 40ten Stockwerk geht es mit dem 50ten Stockwerk weiter, da die 4 bei Asiaten eine Unglückszahl ist. Im Erdgeschoß befindet sich die Hotelanlage, welche modern ist und vom Black Jack bis zu Automatenspiele alles bietet, was das Spielerherz begehrt.

Resortgebühren

Die Resortgebühr beträgt im Hotel 33,60 Dollar inkl. Steuer pro Zimmer und Nacht. Im Preis enthalten ist die Nutzung vom Fitnessstudio und kostenloses Internet, welches auch auf den Zimmern genutzt werden kann.

Anschrift:

3950 S Las Vegas Blvd,
Las Vegas
NV 89119

Internetseite: https://www.mandalaybay.com

Direkt zur Buchung : www.reisewort.de/m-bay.html (*)

Wynn Hotel & Casino

Das Wynn wurde erst im Jahr 2005 eröffnet und wurde nach dem Immobilienmogul Steve Wynn benannt. Steve Wynn zählt zu einem der reichsten Menschen der Welt und wollte mit dem Bau vom Wynn eines der teuersten und luxuriösesten Hotels der Welt schaffen. Leider sind die Wünsche von Steve Wynn nicht ganz aufgegangen. Obwohl es sich um eines der teuersten Hotels (bzgl. Baukosten mit rund 2,7 Mrd. Dollar) ins Las Vegas handelt, wird es auf dem Strip kaum beachtet. Zum einen liegt es etwas außerhalb und ist von außen eher unscheinbar, wenn man das Wynn mit Hotels wie dem Bellagio oder dem Paris vergleicht. Wynn wollte bei der Planung vom Hotel mit dem Service und Angebot im Hotel bei den Gästen punkten und so verfügt das Hotel über einen eigenen Golfplatz, was kein anderes Hotel in Las Vegas bietet.

Highlights

Eher unscheinbar sind die vielen kleinen Details auf die Wert gelegt wurde. In keinem anderen Hotel wird man so schnell das Gefühl haben, dass man sich mitten in einer grünen Oase und nicht in einer Wüste befindet. Rund um das Hotel befindet sich eine perfekt gepflegte Grünanlage und im inneren des Hotels finden sich zahlreiche Bäume und Blumen. Eine wahre Meisterleistung, wenn man bedenkt, dass in Las Vegas seit Jahren Wasserknappheit existiert und Wasserverschwendung mittlerweile auch gesetzlich verfolgt wird. Ein weiteres Highlight im Hotel ist ein eigener Fuhrpark mit hochwertigen Sportwagen, welche man sich für eine Spitztour ausleihen kann. An dieser Stelle sei jedoch erwähnt, dass in den USA ein Tempolimit existiert und man maximal 130 KM/H fahren darf und die Polizei mit Temposündern kein Mitleid hat und drakonische Strafen drohen.

Kunstsammlung

Kunst und die Spielerstadt Las Vegas passen eigentlich nicht zusammen und trotzdem bietet das Wynn eine große Kunstausstellung mit Kunstwerken aus der privaten Sammlung von Steve Wynn, darunter z.B. Werke von Pablo Picasso.

Zimmer und Pool

Im Hotel befinden sich nur rund 2.700 Zimmer und daher liegt das Hotel im Bereich Hotelzimmer deutlich hinter vielen anderen am Las Vegas Strip. Jedoch war die Zimmeranzahl bei der Planung eher zweitrangig, da man viel Wert auf Luxus gelegt hat. Im Hotel können daher Zimmer mit einer Größe von rund 60 m² bis zu 650 m² gebucht werden, mit Preisen ab ca. 150 Dollar. Wie bei vielen anderen Hotels lohnt sich auch hier ein Blick auf die Internetseite vom Hotel, da einzelne Angebote, für einen kurzen Zeitraum, von Reiseportalen nicht an die Kunden weitergegeben werden und man bei einer Direktbuchung ein größeres Zimmer zu günstigen Preise erhalten kann. Sollten Sie ein solches Schnäppchen ergattern, dann erwartet Sie ein modernes Hotel mit schönen Zimmer und einer großen Poolanlage für Hotelgäste.

Casino

Im Erdgeschoß vom Hotel befindet sich das rund 10.000 m² große Casino, welches besonders luxuriös gestaltet ist. Während viele Hotels eine eher schlichte Einrichtung bevorzugen, findet man im Wynn auch im Casino Bereich Pflanzen und Tageslicht, was eher eine Ausnahme darstellt.

Restaurants

Im Hotel befinden sich 18 Restaurants in unterschiedlichen Preisklassen und für fast alle Restaurants wurden weltbekannte Starköche engagiert. Besonders zu empfehlen ist das "SW Steakhouse", welches nicht die typisch amerikanischen Riesensteaks verkauft, dafür aber hochwertiges Fleisch in einem schönen Ambiente. Zusätzlich haben sich rund um das Hotel zahlreiche kleine Restaurants angesiedelt und bieten die perfekte kulinarische Abwechslung.

Resortgebühren

Die Resortgebühr im Hotel beträgt ca. 36 Dollar inkl. Steuer pro Zimmer und Nacht. Hierfür erhalten Gäste Zugang zum WiFi, Fitnesscenter und dem Pool im Hotel.

Anschrift

3131 S Las Vegas Blvd
Las Vegas
NV 89109

Internetseite: http://www.wynnlasvegas.com/

Direkt zur Buchung : www.reisewort.de/wynn.html (*)

Encore Hotel & Casino

Beim Spaziergang durch Las Vegas wird man sich schnell wundern, dass es zwei Hotels in gleicher Optik gibt. Von außen ähnelt das Encore nahezu perfekt dem Wynn. Während das Wynn im Jahr 2005 eröffnet wurde, hat das Encore im Jahr 2008 seine Eröffnung gefeiert. Beim Konzept hat man wieder auf eine dezente Optik gelegt und versucht durch das Unterhaltungsprogramm zu punkten. Im Hotel gibt es mehr als 2.000 Zimmer, welche sehr modern eingerichtet sind. Leider wird das Hotel in kaum einen Prospekt angeboten und man muss sehr gründlich suchen, um dieses Hotel zu finden. Auf zahlreichen Bewertungsportalen wird das Hotel gelobt und es wird kaum Kritik geübt. Es handelt sich um eines der modernsten Hotels am Las Vegas Strip und es ist ein echter Geheimtipp, wenn man ein hochwertiges und modernes Hotel am Las Vegas Strip sucht.

Beach Club Encore

Das Encore bietet den Gästen keine Poolanlage, sondern einen echten Beach Club mit einer Fläche von mehr als 4.600 m². Bereits beim Eingang wird mit dem Schriftzug *Beach Club* geworben und in den heißen Sommertagen bietet die Poolanlage die perfekte Abkühlung. Zusätzlich werden im Beach Club zahlreiche Parties veranstaltet und für die Gäste wurde eine eigene Internetseite unter www.encorebeachclub.com online gestellt. Auf dieser kann man sich über kommende Events, Veranstaltungen und die DJs informieren. In der Regel ist der Eintritt sogar kostenlos und auch Gäste von außerhalb sind zu den Parties eingeladen. Wenn man einmal das wilde Las Vegas erleben möchte, mit viel nackter Haut, Alkohol und toller Musik, dann sind die Poolparties im Encore eine echte Empfehlung.

Highlights

Das Encore möchte seinen Gästen ein möglichst umfangreiches Angebot anbieten und sich an ein breites Publikum richten. Neben dem Beach Club existieren daher auch Angebote rund um Sport und Erholung. Für Gäste wird ein eigenes Sportstudio angeboten, welches modern eingerichtet ist. Während viele Hotels nur ein sehr mageres Angebot in diesem Bereich haben, kann das Sportstudio im Encore mit dem Angebot großer Sportstudios in Deutschland problemlos mithalten. Zusätzlich können Hotelgäste das gesamte Angebot vom Schwesterhotel Wynn benutzen.

Zimmer

Ein Hotel mit einem großen Angebot ist in der Regel leider auch nicht günstig. Für den kleinen Geldbeutel ist das Encore sicherlich keine Option. So kosten die Zimmer teilweise bis zu 450 Dollar pro Übernachtung. Mit seinem Angebot richtet sich das Hotel eher an Gäste, welche das nötige Kleingeld mitbringen. Sollte man seinen Urlaub jedoch früh genug buchen, dann lohnt sich ein Blick auf die Internetseite. Unter Schlagwörtern wie "summer savings" kann man teilweise bis zu 20% sparen.

Casino

Obwohl Las Vegas die Spielerstadt ist, bietet das Encore ein vergleichsweise kleines Casino mit einem überschaubaren Angebot. Viele Casinos bieten sehr günstige Zimmerpreise und möchten sich hauptsächlich durch die Spieler finanzieren. Im Encore geht man einen anderen Weg und hat die Preise für die Zimmer gleich im höheren Segment angesiedelt. Sollte man mit dem Angebot im Hotel nicht zufrieden sein, dann ist dies jedoch kein Problem. Man kann problemlos in allen Hotels in Las Vegas spielen und sich für Abwechslung und Unterhaltung ins Encore zurückziehen.

Resortgebühren

Obwohl die Zimmerpreise nicht für jeden Geldbeutel geeignet sind, werden beim Check-In zusätzlich noch die Resortgebühren erhoben. Sie belaufen sich auf ca. 35+ Steuer für jede Übernachtung pro Zimmer.

Wynn oder Encore

Es gibt zwischen dem Wynn und Encore kaum Unterschiede, da man als Gast das Angebot von beiden Hotels nutzen kann. Als Gast sollte man die Preise vergleichen und nach einem Schnäppchen suchen, wenn man seinen Urlaub in den Hotels verbringen möchte.

Anschrift

3131 S Las Vegas Blvd
Las Vegas
NV 89109

Internetseite: http://www.wynnlasvegas.com

Direkt zur Buchung : www.reisewort.de/encore.html (*)

Palazzo Hotel & Casino

Direkt gegenüber vom Wynn befinden sich die Hotels Palazzo und Venetian, ein zusammenhängender Hotelkomplex. Bereits beim ersten Blick auf den Hotelkomplex wird man den italienischen Einfluss erkennen, wobei das Thema Venedig im Mittelpunkt steht. Es handelt sich um ein wunderschönes Bauwerk und besonders im inneren wird man von der Architektur begeistert sein, da die Planer mit viel Marmor gearbeitet haben und das Hotel über sehr hohe Wände verfügt, dadurch wird die Größe vom Hotel noch einmal betont. Es handelt sich um eines der neueren Hotels am Las Vegas Strip, da das Hotel erst 2008 eröffnet wurde. Beide Hotels sind direkt miteinander verbunden und stehen daher den Gästen offen zur freien Nutzung. Rund um das Hotel haben sich zahlreiche kleine Geschäfte und Restaurants angesiedelt. Im inneren vom Hotelkomplex haben bekannte Luxusmarken eigene Geschäfte und laden zum einkaufen ein.

Little Italy in Las Vegas

Mit dem Design hat man die Stadt Venedig nachgebaut und dabei keine Kosten und Mühen gescheut, so befindet sich eine Kanalanlage mit Gondeln im inneren vom Hotel. Ein Großteil vom Kanal befindet sich im inneren und die Decken wurden in der Optik von einem Himmel gestaltet, daher existiert während der Fahrt mit der Gondel durchgehend das Gefühl, dass man sich außerhalb vom Hotel befinden würde. Mit einem Preis von rund 20 Dollar + Trinkgeld sind die Gondelfahrten auch für den kleinen Geldbeutel geeignet. Zum Vergleich: Eine Fahrt mit der Gondel im echten Venedig kostet mehr als 80 Euro, jedoch ist die Kulisse keine Illusion sondern das echte Venedig.

Highlights

Besonders das Venetian ist als Hotel eine wahre Attraktion auf dem Strip. Bereits in den frühen Abendstunden wird das Hotel von tausenden Lichtern beleuchtet und entfaltet so seinen einzigartigen Charme. Rund um das Hotel herrscht eine entspannte, bis romantische, Atmosphäre. Viele Paare nutzen die zahlreichen kleinen Brücken und Wasserspiele für Erinnerungsfotos. Im inneren und auch im Außenbereich fahren die vielen kleinen Gondeln mit Paaren, die den italienischen Ausblick in der Spielerstadt Las Vegas genießen. Im Bereich Architektur hat man die typischen venezianischen Sehenswürdigkeiten nachgebaut, wie etwa den Markusplatz oder Rialtobrücke, wenn auch in kleineren Dimensionen. Obwohl es sich um eine Kopie von Venedig handelt, ist die Illusion fast perfekt.

Bars

Im Venetian und Palazzo gibt es zahlreiche kleine und große Bars, welche sich perfekt für einen entspannten Abend mit leckeren Cocktails eignen. Jede Bar hat sich auf ein bestimmtes Publikum spezialisiert, von Blues über Jazz bis Rock.

Zimmer und Pool

Im Hotelkomplex befinden sich mehr als 7.000 Zimmer in unterschiedlichen Kategorien. Bei der Buchung sollte man bedenken, dass das Palazzo etwas günstiger ist als das Venetian, mit Zimmerpreisen ab ca. 180 Dollar. Es handelt sich jedoch um einen Hotelkomplex, daher kann man bei geringem Budget auch das günstigere Palazzo buchen und sich problemlos im Hotelkomplex bewegen. Gleiches gilt auch für die großen Poolanlagen, die von Gästen in beiden Hotels genutzt werden können und an die italienische Architektur erinnern.

Casino

Trotz der Architektur im Hotel ist natürlich das Casino eine wichtige Einnahm equelle für das Hotel.In beiden Hotels befinden sich im Erdgeschoss die Las Vegas typischen Spielcasinos, welche für jeden Geldbeutel die passende Spielautomaten anbieten.

Resortgebühren

Die Gebühren für beide Hotels betragen rund 32 Dollar plus Steuer. Aufgrund der fast identischen Resortgebühren ist der Zimmerpreis eines der wichtigsten Argumente bei der Buchung.

Anschrift

3325 S Las Vegas Blvd
NV 89109

Internetseite: www.palazzo.com bzw. www.venetian.com

Direkt zur Buchung : www.reisewort.de/palazzo.html (*)

Direkt zur Buchung : www.reisewort.de/venetian.html (*)

Circus Circus

Mit dem Ambiente von einer Zirkusarena versucht das Circus Circus Familien anzusprechen, die mit Kindern nach Las Vegas reisen. Beim ersten Besuch vom Hotel fällt sofort auf, dass vergleichsweise viele Eltern das Angebot in Anspruch nehmen und mit der ganzen Familie nach Las Vegas fliegen. Besonders in den heißen Sommermonaten ist die Enttäuschung jedoch sehr groß, da die Temperaturen für Kleinkinder nicht geeignet und Jugendliche unter 21 Jahren keinen Einlass ins Hotel erhalten, was immer wieder zu Diskussionen mit dem Hotelpersonal führt. Viele Urlauber vergessen, dass fast jedes Hotel in Las Vegas ein Casino ist und man durch das Casino muss, wenn man ins Zimmer möchte. Im Circus Circus versucht man die Problematik mit einem kleinen Trick zu umgehen und daher wurden einige der Hotelzimmer etwas abseits errichtet. So muss man teilweise bis zu 10 Minuten gehen, bis man das Gebäude mit den Hotelzimmern erreicht. Es kann sehr ärgerlich sein, da der Weg teilweise nicht gepflastert ist und eine Fahrt mit dem Kinderwagen eine Herausforderung sein kann. Zusätzlich entspricht die Qualität einzelner Zimmer nicht mehr dem aktuellsten Stand, jedoch kann man mit etwas Glück und einem kleinen Trinkgeld ein moderneres Zimmer erhalten.

Bedingt durch das Baujahr, die Eröffnung war 1968, ist das Hotel an einigen Stellen stark abgewohnt und wirkt eher in den Abendstunden modern, da mit sehr viel Licht gearbeitet wird und das Hotel dann einen ganz eigenen Charme bekommt. Sollte man sich in der Nähe befinden, dann lohnt sich ein Besuch vom Restaurant "THE Steakhouse", welches ein sehr gutes Essen zu akzeptablen Preisen anbietet.

Die Lage vom Circus Circus:

Leider ist das Circus Circus sehr weit abseits vom Las Vegas Strip oder der Fremont Street Experience. Bis zum Las Vegas Strip, z.B. zum Hotel Bellagio, muss man ca. 45 Minuten gehen und zur Fremont Street Experience ist es ein Spaziergang von rund einer Stunde. Man sollte die Entfernungen bei Temperaturen von über 40 °C nicht unterschätzen und daher ist man in der Regel auf den Bus angewiesen. Ein Ticket kostet pro Person für 3 Tage rund 20 Dollar und mit dem Bus ist man ebenfalls rund 30 Minuten unterwegs.

Auf der gegenüberliegenden Seite befindet sich das Unternehmen "Battlefield Las Vegas", welches eine Anlaufstelle für Waffenliebhaber ist und z.B. einen Schießstand mit Maschinengewehren anbietet. Auf dem Platz befinden sich Panzer und Kampfflugzeuge. Eltern die sich ein solches Umfeld für einen Urlaub nicht wünschen, sollten ein anderes Hotel buchen.

Highlights:

Im Hotels gibt es für Kinder, Jugendliche und Eltern ein umfangreiches Angebot an Unterhaltung. Ein Highlight stellt der Zirkus dar, der für die Hotelgäste und teilweise auch für Besucher kostenlose Shows anbietet. Zusätzlich befinden sich rund 20 Fahrgeschäfte im Casino, welche kostenlos genutzt werden können.

Casino:

Im Hotel befindet sich ein Casino mit einer Fläche von rund 9.400 m². Es existiert ein umfangreiches Angebot an unterschiedlichen Spielautomaten und Tischen. Jedoch dürfen Eltern mit Kindern nicht an den Automaten oder Tischen spielen und das Personal im Hotel achtet sehr stark auf die Einhaltung dieser Regel.

Resortgebühren:

Sie stellen im Hotel leider einen erheblichen Kostenfaktor dar. Wer sich im Internet nach den Resortgebühren informieren möchte, der wird es nicht ganz einfach haben. Sie sind leider etwas versteckt, da das Casino zur Hotelgruppe "MGM Resorts International" gehört und man die Resortgebühren nur auf MGM Homepage findet. Sie betragen rund 23,52 Dollar + Steuern, pro Zimmer und Übernachtung.

Anschrift:

2880 S Las Vegas Blvd
Las Vegas
NV 89109

Internetseite: http://www.circuscircus.com/de

Direkt zur Buchung : www.reisewort.de/circus.html (*)

New York New York Hotel & Casino

New York gehört sicherlich zu den schönsten Städten der Welt und daher ist es nicht verwunderlich, dass das Thema auch in Las Vegas aufgegriffen wird. Mit dem New York New York Hotel wurde die Skyline von Manhatten nachgebaut. Zu der Skyline vom Hotel zählt die Freiheitsstatue, das Empire State Building und das Chrysler Building. Auf einem kleinen Raum kann man in die fiktive Welt von New York eintauchen und besonders abends erstrahlt das Hotel in intensivem Licht auf dem Las Vegas Strip. Als Tourist muss man sich jedoch darauf einstellen, dass das Hotel mitten an einer großen Kreuzung liegt und in den Abendstunden das Verkehrsaufkommen recht hoch ist. In den Hotelzimmern bekommt man von der Geräuschkulisse jedoch kaum etwas mit.

Die Stadtteile von New York

New York besteht aus einzelnen Stadtteilen und jeder Stadtteil hat seinen eigenen Charme, wie die Bronx. Im New York New York Hotel ist man auf die Besonderheiten der Stadtteile eingegangen und thematisiert diese. So haben sich einige bekannte Restaurants aus dem echten New York dazu entschieden ein Restaurant im New York New York Hotel in Las Vegas zu eröffnen, wie das Steakhouse " Gallagher's Steakhouse", welches in New York bereits 1927 eröffnet wurde und qualitativ sehr hochwertige Steaks anbietet.

Highlights

Mit der Skyline von Mahatten hat man ein Hotel gebaut, welches sofort die Blicke der Touristen erntet. Es handelt sich um ein beeindruckendes Hotel und natürli ch werden auch einige Attraktionen für Touristen angeboten. Rund um Hotel wurde eine spektakuläre Achterbahn gebaut, der " The Roller Coaster" mit einer Fahrtzeit von fast 3 Minuten.

Zimmer und Pool

Das Hotel wurde bereits im Januar 1997 eröffnet. Für Gäste stehen rund 2.000 Zimmer zur Verfügung, welche teilweise unter 100 Dollar gebucht werden können. Besonders der Preis ist für viele Touristen attraktiv, da viele Hotels am Las Vegas Strip deutlich teurer sind. Obwohl die Zimmer nicht mehr auf dem neusten Stand sind, kann man das Hotel durchaus für einige Nächte buchen. Sollte man über das entsprechende Kleingeld verfügen, dann kann sich eine Suite lohnen, da die Zimmer größer und oft sauberer sind. Im Hotel befinden sich 48 Etagen und man sollte beim Check-In höfflich fragen, ob man ein Zimmer im oberen Bereich erhalten könnte, mit dem Blick auf den Strip.

Casino

Das Hotel bietet ein typisches Casino mit einer Fläche von rund 7.800 m². Während das Hotel tagsüber kaum genutzt wird, sind besonders abends un d am Wochenende zahlreiche Spieler an den Tischen und Automaten. Viele nutzen die zentrale Lage und erkunden vom New York New York den Las Vegas Strip.

Resortgebühren

Beim Check-In müssen pro Zimmer und Übernachtung rund 33 Dollar + Steuern bezahlt werden. In der Gebühr ist z.B. kostenloses Internet inbegriffen.

Parken

Eigentlich bietet jedes Hotel seinen Gästen einen kostenlosen Parkplatz an. Im New York New York geht man jedoch einen anderen Weg und verlangt auch von den Hotelgästen Parkgebühren von 10 Dollar pro Tag. Sollte man einen Mietwagen buchen wollen, dann sollte man sich auf diese zusätzlichen Kosten einstellen.

Anschrift

6 Park Ave
Las Vegas
NV 89109

Internetseite: http://www.newyorknewyork.com

Direkt zur Buchung : www.reisewort.de/new-york.html (*)

Monte Carlo Hotel & Casino

Direkt gegenüber vom New York New York liegt das im Jahr 1996 eröffnete Hotel Monte Carlo und bietet sich, aufgrund der guten Lage am Strip, perfekt an um den Las Vegas Strip zu erkunden. Rund um das Hotel gibt es zahlreiche Attraktionen und Restaurants in unterschiedlichen Preisklassen. Im hauseigenen Pub werden 6 eigene Biersorten verkauft, welche man durchaus einmal probieren sollte. In den USA unterschiedet sich Bier geschmacklich, teilweise sehr stark, von den Biersorten in Deutschland. Zusätzlich besitzt das Hotel eine eigene Mall mit Einkaufszentren, welche für die Verhältnisse in Las Vegas eher klein ist. Jedoch ist die Mall nicht überlaufen und daher perfekt für einen kurzen Abstecher zum shoppen.

VIP Gäste

Viele Hotels in Las Vegas behandeln VIP Gäste bevorzugt, wobei das Monte Carlo hier deutlich weitergeht. So wurde die Hoteleröffnung an zwei Tagen zelebriert, wobei einmal nur VIP Gäste geladen waren. In der hauseigenen Poollandschaft existiert ein Pool für normale Gäste und ein Pool nur VIP Gäste.

Großbrand im Jahr 2008

2008 standen Teile vom Dachgeschoss in Flammen. In diesem Bereich befinden sich die hochpreisigen Zimmer und nach dem Feuer mussten diese komplett renoviert werden. Di es ist die Erklärung dafür, dass einige Gäste sich über die unterschiedliche Qualität der Zimmer wundern.

Highlights

Bis 2010 trat der Magier Lance Burton 14 Jahre im Hotel auf. Heute wirbt man mit der "Blue Man Group" als Show im Monte Carlo Hotel, was jedoch nicht ganz korrekt ist, da die Show im "Luxor" Hotel durchgeführt wird. Sollte man sich für die Show interessieren, dann muss man ganz genau prüfen in welchem Hotel die Show durchgeführt wird. Es ist nicht unüblich, dass eine Show das Hotel wechselt und man steht dann eventuell im falschen Hotel und ärgert sich, weil man ein Ticket für bis zu 200 Dollar gekauft hat und dann durch die halbe Stadt fahren muss.

Lage

Die Lage vom Hotel eignet sich perfekt, wenn man den Las Vegas Strip erkunden möchte. Besonders südlich, direkt hinter dem Las Vegas Schild, haben sich kleine Restaurants, Geschäfte und Attraktionen angesiedelt und in den Abendstunden sind viele Touristen unterwegs. In nördlicher Richtung nimmt die Hoteldichte weiter zu und die Anzahl an Geschäften und Restaurants nimmt etwas ab.

Zimmer und Pool

Das Hotel verfügt über knapp 3.000 Zimmer, davon sind 257 Suiten. Bedingt durch den Brand im Jahr 2008 sind die Suiten teilweise moderner. Beim Check-In kann man höflich fragen, ob man eine der neuen Suiten bekommen kann. Preislich beginnen die Zimmer bei ca. 180 Dollar pro Nacht und reichen bis weit über 700 Dollar. Für die Gäste stehen drei Pools zur Verfügung, wobei ein Pool nur von VIP Gästen genutzt werden darf. Eine Besonderheit der Poolanlage ist, dass alle 10 Minuten künstliche Wellen erzeugt werden, was in Las Vegas eine Besonderheit der Poolanlage darstellt.

Casino

Direkt am Eingang befindet sich das Casino vom Hotel mit modernen Automaten und Spieltischen. Während die "High Roller" mit Einsätzen von einigen hundert bis einigen tausend Dollar pro Spiel an den Tische zocken, werden die Automaten von Touristen genutzt, die eher mit kleinen Einsätzen von ein paar Dollar spielen.

Resortgebühren

Beim Check-In wird eine Resortgebühr von ca. 33 Dollar + Steuer erhoben pro Nacht und Zimmer.

Anschrift

3770 S Las Vegas Blvd
Las Vegas
NV 89109

Internetseite: http://www.montecarlo.com

Direkt zur Buchung : www.reisewort.de/monte-carlo.html (*)

Bellagio Hotel & Casino

Eines der bekanntesten Hotels in Las Vegas ist das Bellagio. Auf dem Las Vegas Strip ist es nicht zu übersehen, da es wie ein Palast wirkt und als eines der wenigen Hotels in Las Vegas über einen großen künstlichen See verfügt, in dem man aber nicht baden darf. Angelehnt ist das Hotel an den gleichnamigen Ort am Comer See und besticht im inneren durch Design und die unglaubliche Größe. Als Tourist kann es passieren, dass man sich innerhalb von wenigen Minuten im Hotel verläuft und lange nach dem Ausgang suchen muss.

Wasserspiele am Bellagio:

Ein Highlight am Las Vegas Strip sind die computergesteuerten Wasserspiele am Bellagio, welche aus mehr als 1.000 Düsen und hunderten Lampen bestehen und jedes Wasserspiel wird durch Musik unterstützt. Täglich zwischen 15 und 24 Uhr ziehen die Wasserspiele hunderte Schaulustige an und sind besonders bei Dunkelheit ein Spektakel am Las Vegas Strip. In der Zeit 15:00 Uhr bis 20:00 Uhr können die Wasserspiele alle 30 Minuten bestaunt werden und ab 20:00 Uhr alle 15 Minuten. Rund um den See ,mit den weltbekannten Wasserspielen, gibt es wunderschöne Brücken und man sollte sich reichtzeitig einen Platz sichern, da besonders am Wochenende viele Touristen die Wasserspiele sehen möchten. Zu beachten gilt es, dass vor den Wasserspielen viele Obdachlose unter den Palmen schlafen, da die Wasserspiele die Luft abkühlen und das Wetter erträglicher machen, daher sollte man auf Wertsachen aufpassen und sich nicht zu stark von den Wasserspielen ablenken lassen.

Die Lage vom Bellagio:

Das Bellagio bietet mit dem gegenüberliegenden Caesars Palace und dem Paris Hotel auf der gegenüberliegenden Seite einen echte Hotspot am Las Vegas Strip. Rund um die Hotels haben sich zahlreiche Geschäfte angesiedelt und man kann problemlos den ganzen Abend den Strip genießen, mit kühlen Getränken und leckeren Speisen. Leider spiegelt sich die gute Lage auch in den Hotelpreisen wieder. So zählt das Bellagio zu einem der teuersten Hotels in Las Vegas. Im Hotel bewegen sich die Preise zwischen 170 Dollar und mehr als 1.000 Dollar. Besonders die Preise mit einem Blick auf die Wasserspiele und den Las Vegas Strip befinden sich in einem hohen Preissegment. Bei der Buchung über ein Reiseportal lohnt sich vorab ein Blick auf die Internetseite. Oft werden Preisnachlässe angeboten von z.B. 15% auf den Hotelpreis, der bei vielen Reiseportalen nicht ausgewiesen wird.

Highlights:

Es gibt beim Bellagio nicht das Highlight - Bei der Planung und Konzeption des Hotels hat man sich viele Gedanken gemacht und daher ist die gesamte Hotelanlage ein Highlight. Bereits die Wasserspiele vor dem Hotel sind ein echter Hingucker und viele Autos fahren deutlich langsamer um die Wasserspiele aus dem Auto zu beobachten. Im Hotel befinden sich, neben den modernen Zimmern, zahlreiche Geschäfte und Restaurants, welche sich jedoch im hohen Preissegment bewegen.

Zusätzlich werden im Bellagio regelmäßig Shows veranstaltet von zahlreichen bekannten Weltstars. Rund um Las Vegas werden die Shows durch Promoter und Reklametafeln beworben und vereinzelt auch für Tickets verteilt. Neben dem wechselnden Programm gibt es auch einen Klassiker im Bellagio und dies bereits seit fast 20 Jahren, der Cirque du Soleil. In der 90-minütigen Show werden von den weltbesten Artisten zahlreiche akrobatische Kunststücke präsentiert. Eine Buchung sollte unbedingt einige Tagen bis Wochen vor dem Besuch erfolgen, da die Show in Las Vegas fast immer ausgebucht ist.

Casino:

Mit einer Fläche von rund 11.000 m² ist das Casino eher im Mittelfeld, wenn man die Größe mit anderen Hotelanlagen vergleicht. Trotzdem handelt es sich um ein sehr hochwertiges Casino, welches immer wieder komplett renoviert oder umgestaltet wird. An den Tischen wird, teilweise, mit sehr hohen Einsätzen gespielt. Zusätzlich wird auch viel Wert auf die Optik der Mitarbeiterinnen gelegt, was besonders die Männlichen Gäste erfreut.

Resortgebühren: 25 Dollar + Steuer pro Nacht

Anfahrt:

3600 S Las Vegas Blvd,
Las Vegas
NV 89109

Internetseite: https://www.bellagio.com

Direkt zur Buchung : www.reisewort.de/bellagio.html (*)

Caesars Palace Hotel & Casino

Nur wenige Meter entfernt vom Bellagio befindet das Caesars Palace Hotel & Casino. Bedingt durch die Nähe zum Bellagio wird oft fälschlicherweise angenommen, dass die Wasserspiele vom Caesars Palace veranstaltet werden und nicht vom Bellagio, was jedoch nicht korrekt ist. Weltweit bekannt wurde das Hotel durch den Film Hangover I und III. Rund um das Hotel haben sich zahlreiche hochpreisige Geschäfte und Modemarken angesiedelt und profitieren von der guten Lage und den vermögenden Touristen. Bei meinem Rundgang durch das Hotel ist mir aufgefallen, dass das Hotel besonders bei asiatischen Touristen sehr beliebt ist und vereinzelt auch viele arabische Gäste im Hotel zu finden sind. Vom Stil erinnert das Hotel an Italien und passt daher perfekt zum nebenliegenden Hotel Bellagio. Besonders abends bietet sich die Lage der Hotels perfekt für Urlaubsfotos, shoppen oder aber für ein Abendessen in einer romantischen Umgebung an. Als Tourist sollte man jedoch die Größe von diesem Hotel nicht unterschätzen. Innerhalb von wenigen Minuten kann man sich in dem riesigen Komplex verlaufen und die Suche nach dem Ausgang kann sich in die Länge ziehen.

Baujahr

Viele Hotels am Las Vegas Strip sind erst wenige Jahre alt, daher ist das Baujahr von 1966 vom Caesars Palace für viele überraschend. Über viele Jahre wurde das Hotel immer weiter ausgebaut und zählt heute zu einem der modernsten und teuersten in Las Vegas, mit Zimmerpreisen ab rund 120 Dollar pro Nacht. Über die Jahre wurde der italienische Stil im Rahmen der Modernisierungen immer stärker geprägt und ist heute kaum zu übersehen.

Erweiterungen am Hotel

Bei der Eröffnung im Jahr 1966 war das Hotel noch deutlich kleiner und entsprach noch nicht den heutigen Dimensionen.

Über viele Jahre wurde das Hotel um Türme und Attraktionen erweitert. Im Jahr 1997 wurde der *Palace Tower* eröffnet und spiegelte optisch bereits den römischen Stil wieder. Ein Highlight im Hotel stellt das im Jahr 2003 eröffnete Colosseum dar. Mit seinen 4.000 Plätzen bietet es ein modernes Theater und die Bühne für viele internationale Stars.

Highlights im Hotel:

Bedingt durch das Alter und die zahlreichen Erweiterungen stellt das Hotel am Las Vegas Strip mit seiner Größe ein beliebtes Fotomotiv dar. Im Hotel befinden sich zahlreiche Shops und Restaurants in unterschiedlichen Preisklassen. Wer einmal bei einem Sternekoch essen möchte, der sollte frühzeitig im Restaurant Guy Savoy reservieren. Guy Savoy hat im Jahr 2003 im Hotel ein eigenes Restaurant eröffnet und ist mittlerweile mit 3 Sternen ausgezeichnet. Abends ist der gesamte Komplex beleuchtet und ein magischer Anziehungspunkt für die internationalen Touristen.

Zimmer und Casino

In den Türmen vom Hotel befinden sich rund 4.000 Zimmer und Suiten, welche modern eingerichtet sind. Im Hotel wird für die Gäste ein Casino mit einer Fläche von ca. 15.000 qm² und unterschiedlichen Automaten und Tischen bereitgestellt. Wer sich das Hotel für einen längeren Aufenthalt nicht leisten kann, der sollte die Preise für einen Kurzaufenthalt im Internet prüfen.

Poolanlage

Mit der Zahlung der Resortgebühr erhalten Hotelgäste Zugang zu der Poolanlage. Es handelt sich um eine der schönsten Poolanlagen in ganz Vegas. Sie beinhaltet mehrere Pools und ist komplett im italienischen Stil angelegt. Von der Poolanlage hat man einen tollen Blick über Las Vegas und besonders in den warmen Mittagsstunden bietet sich die Poolanlage perfekt zum abkühlen an.

Hangover

Rund um das Hotel finden sich zahlreiche verkleidete Künstler mit den typischen Outfits aus den Hangover Filmen. Im Hotel wird der Film jedoch kaum thematisiert und daher stellen die Künstler außerhalb der Hotelanlage die einzige Möglichkeit für ein Erinnerungsfoto dar.

Resortgebühren: ca. 35 Dollar + Steuer pro Nacht

Anfahrt:
3570 S Las Vegas Blvd,
Las Vegas,
NV 89109

Internetseite: https://www.caesars.com

Direkt zur Buchung : www.reisewort.de/caesars.html (*)

Paris Hotel und Casino

Gegenüber vom Bellagio und Caesars Palace, auf der anderen Straßenseite, befindet sich das Hotel Paris. Es handelt sich um eines der berühmtesten Wahrzeichen in Las Vegas. Mit einer Höhe von rund 160 Metern ist der Eiffelturm nur halb so hoch wie das Original in Paris, aufgrund seiner zentralen Lage direkt am Strip jedoch nicht zu übersehen und Anziehungspunkt für viele Touristen. Abends wird der gesamte Komplex beleuchtet und lädt mit den Wasserspielen am Bellagio zum entspannen und flanieren ein. Für Hotelgäste bietet der Eiffelturm jedoch in einigen Zimmern vom Hotel einen kleinen Nachteil, da er den Blick vom Zimmer auf den Strip verdeckt.

Obwohl das Hotel stark an die Stadt Paris angelehnt ist, sprechen die Mitarbeiter im Hotel jedoch kaum bis gar nicht französisch.

Aufbau vom Hotel

Man kann das Paris Hotel in drei Bereiche einteilen. Zum einen ist der Eiffelturm mit seiner Aussichtsplattform sehr beliebt, jedoch mit ca. 15 Dollar kostenpflichtig. Direkt hinter dem Eiffelturm befindet sich eine überdachte Einkaufsmeile mit zahlreichen kleinen französischen Geschäften und Restaurants, in denen man ausgezeichnet essen kann, jedoch mit teilweise sehr hohen Preisen. So kann man z.B. in Downtown Las Vegas Hummerschwänze für rund 10 Dollar bestellen und im Paris Hotel zahlt man für ein ähnliches Menü ca. 70 Dollar. Wer über das entsprechende Kleingeld verfügt, der kann auch 28 Gramm Kaviar für ca. 220 Dollar bestellen. Für ein Abendessen mit zwei Personen muss man ca. 160 Dollar einkalkulieren, zzgl. Steuern und Trinkgeld für den Kellner.

Der Eiffelturm im Hotel

Der Eiffelturm prägt das Hotel und lässt sofort den Stil vom Hotel erahnen. Im inneren vom Hotel durchbricht ein Bein das Dach und ist mitten im Casino befestigt. Bei der Planung sollte der Eiffelturm eigentlich in Originalgröße gebaut werden, jedoch mussten die Pläne später auf eine 1:2 Kopie geändert werden. Bei der Konzeption hat man die Nähe zum Flughafen nicht bedacht und um mögliche Kollisionen mit Flugzeugen zu vermeiden, wurden die Pläne geändert.

Zimmer und Preise

Im Hotel befindet sich knapp 3.000 Zimmer und Suiten. Während die Preise innerhalb der Woche bei ca. 90 Dollar liegen, muss man am Wochenende mit Preisen von rund 120 Dollar rechnen. Jedoch werden auf der Internetseite immer wieder Rabatte angeboten und ein Zimmer kann bereits ab 60 Dollar gebucht werden. Hier lohnt sich ein Blick auf die Internetseite um zu prüfen, ob die Hotelpreise bei einem Buchungsportal mit den Preisen direkt beim Hotel übereinstimmen.

Highlights

Wer schon einmal das echte Paris besucht hat, der wird die Sehenswürdigkeiten bei diesem Hotel gebündelt auf einem kleinen Platz widerfinden. So befinden sich an den Beinen vom Eiffelturm nachbauten vom Louvre und der Pariser Oper. Innerhalb der Einfahrt zu den Parkplätzen vom Hotel befindet sich ein Nachbau vom Triumphbogen.

Restaurants

Im Hotel haben einige weltbekannte Köche ein eigenes Restaurant, wie z.B. der aus dem TV bekannte Gordan Ramsay. Ich kann hier nur empfehlen, dass man vorab und frühzeitig einen Tisch über die Internetseite reserviert. Wer über das nötige Kleingeld verfügt, der kann z.B. Kobe Filet für 79 Dollar genießen.

Shows

Der Fokus vom Hotel lag lange bei den Restaurants und daher wird mittlerweile versucht mehr Shows für die Gäste anzubieten. In den letzten Jahren ist das Angebot deutlich verbessert worden und wechselt regelmäßig. Auf der Internetseite kann man sich über aktuelle Shows informieren und direkt buchen. Vereinzelt werden kurz vor Beginn einer Show einzelne Tickets stark reduziert angeboten.

Resortgebühren: ca. 35 Dollar + Steuer pro Nacht

Anfahrt:

3655 S Las Vegas Blvd
Las Vegas
NV 89109

Internetseite: https://www.caesars.com/paris-las-vegas

Direkt zur Buchung : www.reisewort.de/paris.html (*)

Flamingo Hotel & Casino Las Vegas

Das Flamingo Hotel in Las Vegas ist eines der ältesten Hotels am Las Vegas Strip und wurde bereits 1946 eröffnet. Bei der Planung vom Hotel rechnete man mit Baukosten von rund einer Million Dollar, am Ende stiegen die Kosten auf das fast sechsfache an. Als das Hotel eröffnet wurde, war Las Vegas noch eine kleine Stadt und es gab nur 3 Casinos, erst in den kommenden Jahrzehnten wuchs die Stadt auf die heutige Größe an. Die Geschichte vom Hotel ist geprägt von Steuerhinterziehung, der Mafia und Ermordungen. So soll einer der Investoren rund 2 Millionen Dollar in die Schweiz überwiesen haben, wofür er von seinen Partnern am Ende ermordet wurde. Heute zeugen nur noch wenige Orte in Las Vegas von der kriminellen Vergangenheit und das Hotel ist eines der wenigen Bauwerke, die noch aus dieser Zeit existieren. Während einige der alten Hotels nur noch in Las Vegas Downtown existieren und von Touristen kaum noch besucht werden, hat sich der Strip mit dem Flamingo zu einem Magneten für Touristen entwickelt. Rund um das Flamingo Hotel wurden in den kommenden Jahren viele der großen und bekannten Hotels gebaut, wie das Bellagio auf der gegenüberliegenden Seite.

Die Vergangenheit vom Hotel

Bei der Eröffnung war das Flamingo Hotel das luxuriöseste und eines der teuersten Hotels der Welt. Es wurde damals knapp 10 KM von der Stadtmitte gebaut und zu dieser Zeit hat noch keiner geahnt, dass dieser Ort einmal das Zentrum von Las Vegas darstellen wird. An kaum einem anderen Ort am Las Vegas Strip kommt man der Geschichte vom alten Las Vegas so nahe.

Highlights

Mit einer beeindruckenden Größe von 61.000 m² wurde das Hotel im karibischen Stil mitten in der Wüste gebaut. Ein Highlight ist das Flamingo Habitat, welches sich mitten im Hotel befindet und lebendige Flamingos beherbergt. Mit seinem kostenlosen Eintritt bietet das Hotel eine kleine Attraktion mitten am Las Vegas Strip an. Sollte Sie das Gehege "Flamingo Wildlife Habitat" nicht finden, dann hilft die Rezeption gerne weiter.

Neben den Flamingos wird auch ein eigenes kostenpflichtiges Showprogramm angeboten, welches seit 2008 von Donny und Marie Osmand durchgeführt wird.

Zimmer und Pool

Über viele Jahre wurde das Hotel immer weiter ausgebaut. So hatte das Hotel bei der Eröffnung nur 105 Zimmer und über die Jahre wuchs die Zimmeranzahl auf mehr als 3.600. Ein Zimmer kann bereits ab 110 Dollar gebucht werden und es stehen sogar Raucherzimmer zur Verfügung. Auf der Internetseite vom Hotel werden regelmäßig auch Schnäppchen angeboten, mit einem Preisnachlass von bis zu 25%. Die Poolanlage ist für die Anzahl der Gäste absolut ausreichend und bietet neben unterschiedlichen Poollandschaften auch kleinere Wasserfälle zum abkühlen.

Casino

Im Hotel existiert ein Casino mit einer Fläche von mehr als 7.100 m², welches direkt am Eingang viele Spielautomaten bereitstellt und im hinteren Bereich durch eine große Auswahl an Spieltischen überzeugt.

Resortgebühren

Beim Check-In fallen Resortgebühren in Höhe von ca. 32 Dollar + Steuern an.

Parkplätze

Für Hotelgäste stehen kostenlose Parkplätze zur Verfügung. Beim Check-In muss man darauf hinweisen, dass man einen Mietwagen besitzt und man erhält eine Karte für das Parkhaus, mit dieser kann man kostenlos aus dem Parkhaus fahren.

Anschrift

3555 Las Vegas Boulevard South
Las Vegas
NV 89109

Internetseite: http://www.caesars.com/flamingo-las-vegas

Direkt zur Buchung : www.reisewort.de/flamingo.html (*)

Rio

Rio Hotel & Casino

Das Rio Hotel & Casino ist ein eher unbekanntes Hotel, welches viele Attraktionen aber auch einen großen Nachteil bietet. Im Hotel befindet sich eine der größten Rock'n Roll Shows in Las Vegas, die "Rock of Ages" Show. Als Besucher aus Deutschland wird man bei der Show sicherlich viel Spaß haben, da zwei Hamburger in bayrischer Lederhose zu den Hauptdarstellern zählen. Erzählt wird eine Liebesgeschichte, welche mit Klassikern der Rockmusik unterlegt wird.

Die Lage

Leider ist die Lage vom Hotel ein absoluter Nachteil. Obwohl immer wieder mit einem Hotel am Strip geworben wird, liegt das Hotel sehr weit abseits und ist als Fußgänger nur sehr schlecht zu erreichen. Es kann, abhängig vom Standort, bis zu einer Stunde dauern um das Hotel zu Fuß zu erreichen. Im Hotel wird zwar ein kostenloser Shuttle Service zum Strip für die Gäste angeboten, jedoch kein Shuttle Service zurück zum Hotel. Als Tourist muss man vor dem Hotel warten, bis ein kleiner Bus kommt und ein paar Gäste mitnehmen kann. Sollte der Bus voll sein, dann muss man auf den nächsten warten. Besonders in den Abendstunden und am Wochenende können sich die Wartezeiten in die Länge ziehen und viele Gäste steigen genervt in ein Taxi und teilen sich die Kosten mit anderen Hotelgästen. Sie sollten die Lage nicht unterschätzen, da mögliche Fahrtkosten zurück zum Hotel auf Dauer die Reisekasse sehr stark belasten können.

Zimmer:

Im Hotel befinden sich rund 2.500 Zimmer, welche in die Kategorie Suiten fallen und alle rund 55 m² besitzen. Mit den Suiten wird auf vielen Portalen geworben und Touristen denken, dass Sie ein besonders hochwertiges Zimmer bekommen. Im Hotel gibt es jedoch nur Suiten und man verdrängt sehr schnell die Tatsache, dass die Lage vom Hotel einen erheblichen Nachteil darstellt.

VooDoo Rooftop Bar:

Im Rio Hotel befindet sich eine der schönsten Bars in Las Vegas, die VooDoo Bar. Besonders zwischen Donnerstag und Sonntag wird die Bar von einheimischen besucht und bietet vom Hoteldach einen tollen Blick auf den Strip in Las Vegas. Man sollte jedoch die Getränkepreise nicht unterschätzen, da diese auf der Getränkekarte teilweise nicht ausgewiesen werden und der günstigste Cocktail beginnt erst bei rund 15 Dollar. Zusätzlich muss Eintritt bezahlt werden, der innerhalb der Woche bei ca. 20 Dollar und am Wochenende bei 30 Dollar für männliche und 20 Dollar für weibliche Gäste liegt.

Casino:

Im Erdgeschoss vom Hotel befindet sich ein Casino mit einer Fläche von mehr als 11.000 m². An den Automaten kann man bereits für 1 Cent spielen oder für ein paar hundert bis zu tausend Dollar an den Tischen, z.B. beim Black Jack.

Highlights im Hotel:

Bis zum Jahr 2004 wurden die "World Series of Poker" an der Fremont Street Experience im Binion's Hotel ausgetragen. Im Jahr 2005, nach rund 35 Jahren, wurde die Meisterschaft in das RIO Hotel verlegt. Während der "World Series of Poker" wird das Hotel zu einem Pilgerort für Pokerspieler und Zuschauer.

Gebühren im Hotel:

Online können Zimmer bereits ab rund 30 Dollar gebucht werden. Im Hotel fallen bei der Anreise zusätzliche Gebühren an, welche sich aktuell auf rund 32,5 Dollar pro Übernachtung belaufen.

Bedingt durch die Lage vom Hotel und den hohen Kosten ist dieses Hotel eher für einen Kurzurlaub bei einer Durchreise geeignet. Gegenüber vom Hotel befindet sich ein großes Parkhaus, welches Gäste kostenlos nutzen können. Sollten Sie keinen Mietwagen besitzen und mehrere Tage in Las Vegas bleiben wollen, dann empfiehlt sich ein Hotel direkt am Strip oder an der Fremont Street Experience.

Anschrift:

3700 W Flamingo Rd
Las Vegas
NV 89103

Internetseite: https://www.caesars.com/rio-las-vegas

Direkt zur Buchung : www.reisewort.de/rio.html (*)

Stratosphere Tower

Beim Stratosphere Tower handelt es sich um eines der bekanntesten Hotels in Las Vegas und zugleich das letzte Hotel am Ende vom nördlichen Strip. Weiter nördlich beginnt die Fremont Street Experience, dazwischen befinden sich einige Motels und kleinere Geschäfte, welche tagsüber besucht werden können. In den Abendstunden ist der Bereich zwischen Stratosphere Tower und Fremont Street Experience fast Menschenleer und wird hauptsächlich von Obdachlosen zum übernachten in Büschen oder auf Parkbänken genutzt. Als Tourist sollte man die Gegend in den Abendstunden meiden, da es immer wieder zu Zwischenfällen kommt und die Polizei dieses Gebiet sehr gründlich kontrolliert.

Besonders die Größe zeichnet das Gebäude aus, da der Tower mit seinen rund 350 Meter eine der höchsten Aussichtsplattformen der USA bietet und zugleich das höchste Gebäude in Las Vegas darstellt.

Im Turm befindet sich ein Restaurant, welches einen wunderwollen Blick auf Las Vegas bietet, der besonders abends zu empfehlen ist. Aufgrund der hohen Besucherzahlen ist eine Reservierung, besonders am Wochenende, zu empfehlen.

Zimmer:

Im Hotel befinden sich rund 2.400 Zimmer, welche jedoch so gut wie nie komplett ausgebucht sind. Bedingt durch das Baujahr im Jahr 1996 sind die Zimmer zwar nicht auf dem modernsten Stand, bietet jedoch für den Preis eine gute Qualität. Empfehlenswert sind besonders die Zimmer im oberen Bereich, da diese einen schönen Blick auf Las Vegas bieten.

Casino:

Mit einer Fläche von rund 7.400 m² bietet dieses Hotel im Casino zahlreiche Automaten und Tische für die Spieler. Besonders in der Mittagszeit und teilweise auch abends wird jedoch kaum gespielt. Viele Touristen nutzen die Lage um entweder zur Fremont Street Experience zu fahren oder zum Las Vegas Strip.

Highlights im Hotel:

Auf dem Tower befinden sich zahlreiche Highlights und Attraktionen für Touristen. Viele Anbieter bewerben immer noch die Achterbahn "High Roller" auf dem Turm, welche jedoch seit Jahren nicht mehr existiert und komplett abgebaut ist. Sie wurde durch den "X-Scream" ersetzt, eine Art Karussell, welche für Menschen mit Höhenangst einen tollen Nervenkitzel bietet. Eine weitere Attraktion bietet "Big Shot", eine Art Katapult, der die Besucher rund 40 Meter in die Höhe katapultiert.

Gebühren im Hotel:

Viele Prospekte und Reiseanbieter bieten günstige Pakete für dieses Hotel an. Auf vielen Portalen kann man eine Übernachtung für bereits 30 Dollar buchen und der Urlaub wirkt wie ein Schnäppchen. Jedoch hat das Hotel eine der höchsten Resortgebühren in Las Vegas, welche bei der Anreise bezahlt werden müssen. Im Jahr 2016 lagen die Gebühren bei 24,99 + Steuer pro Übernachtung/Zimmer. Sie sollten sich daher auf rund die doppelten Hotelkosten einstellen um böse Überraschungen zu vermeiden.

Anschrift:

2000 S Las Vegas Blvd
Las Vegas
NV 89104

Internetseite: http://www.stratospherehotel.com

Direkt zur Buchung : www.reisewort.de/tower.html (*)

Der Las Vegas Strip

Wenn ich ehrlich bin, dann hat mich die Planung von Las Vegas sehr viele Stunden gekostet und viele Fragen kann ich mir erst nach meinem Urlaub beantworten. Besonders die Suche nach dem Hotel hat mich fast wahnsinnig gemacht und ich habe über viele Stunden die Preise verglichen und bei der ganzen Planung habe ich zusätzlich Gebühren, wie die Resortgebühr übersehen bzw. gar nicht gekannt. Sie haben sicherlich auch schon im Internet gesucht und Ihre Fragen eventuell auch schon in einigen Foren an die Community gestellt, ohne eine befriedigende Antwort zu bekommen. Ich kann Ihnen mittlerweile sagen, dass Sie als Leser Ihre gesamte Energie nicht in den Vergleich der Hotelpreise stecken sollte.

Es kann sich lohnen einmal mögliche Schnäppchen auf den Hotelseiten zu prüfen, jedoch wird das Hotel am Ende nur für die Übernachtung genutzt. Sie können jedes Hotel in Las Vegas besuchen, im Hotelcasino spielen, essen und trinken ohne ein Zimmer im Hotel gebucht zu haben. Ich habe Ihnen in diesem Kapitel einige Hotels vorgestellt, da es sich um besondere Hotels handelt und dennoch stellen diese nur eine kleine Auswahl der Hotels in Las Vegas dar.

Bei der Planung sollten Sie besonders die Lage vom Hotel im Auge haben und mit kostenlosen Tools wie Google Maps überprüfen. Ein Hotel welches sich nicht am Strip oder in Downtown befinden ist nicht empfehlenswert. Oft sind die Hotels sehr günstig, jedoch belasten die Kosten für das Taxi oder den Bus die Urlaubskasse unnötig. Es macht auch keinen Spaß, wenn man täglich mehr als eine Stunde zum Strip fahren muss und dann nicht einfach kurz in das Hotel kann, wenn man sich mal umziehen möchte oder etwas vergessen hat.

Hotel am Strip oder in Las Vegas Downtown ?

Las Vegas Strip in der Nacht

Der Las Vegas Strip, mit seinen neuen und großen Hotels, und Las Vegas Downtown stellen die beiden sinnvollen Optionen dar, wenn man nach einem Hotel sucht. Sollte man sich für ein Paket aus einem Prospekt entscheiden, dann wird meistens ein Hotel in Las Vegas Downtown angeboten, wie das Four Queens oder the D. In Downtown sind die Kosten für ein Hotel deutlich günstiger und liegen teilweise bei nur 30 Dollar die Nacht, während die Hotels am Strip bei ca. 100 Dollar pro Nacht und mehr liegen. Sie als Tourist können die eigene Urlaubskasse besser einschätzen und Sie müssen einfach realistisch sein. Sie werden in Las Vegas sicherlich auch eine Show besuchen wollen, etwas essen und trinken müssen und all diese Kosten belasten Ihre Urlaubskasse.

Las Vegas als Alleinreisender

Sollten Sie alleine nach Las Vegas reisen wollen, dann würde ich eher ein Hotel in Downtown wählen, wie z.B. das Four Queens. Besonders die Resortgebühren können eine echte Belastung für die Urlaubskasse sein, da diese sich bei einer Woche Urlaub in Las Vegas auf mehr als 200 Dollar belaufen können. Ein RTC Ticket für drei Tage kostet nur 20 Dollar und Sie können problemlos mit dem Bus zum Las Vegas Strip fahren. Jedoch ist Downtown eine reine Partymeile und es wird sehr laut, daher sollte man sich auf die eine oder andere schlaflose Nacht einstellen. Besonders am Wochenende werden große Bereiche direkt an der Fremont Street Experience abgesperrt und die Leistung der Boxen ist bemerkenswert, daher wird man auch auf dem Zimmer in den Genuss der Musik kommen.

Las Vegas als Paar

Sollte man als Paar verreisen, dann muss man die Kosten genau im Auge behalten. Obwohl die Hotels in Downtown sehr günstig sind, ist man auf den ÖPNV angewiesen, wenn man zum Las Vegas Strip fahren möchte. Bei einem Ticket für 3 Tage und 2 Personen ist mit Kosten von 40 Dollar zu rechnen. Sollte man über das entsprechende Kleingeld verfügen, dann kann sich ein Vergleich der Hotelpreise direkt am Strip lohnen und man spart im Umkehrschluss die Kosten für den Bus.

Las Vegas als Familie

Viele Hotels in Las Vegas sind nicht auf Familien vorbereiten und besonders Jugendliche könne sehr schnell Probleme bekommen. So dürfen Personen unter 21 Jahren eigentlich kein Casino betreten, jedoch sind Familien mit Kindern im Alter von 16 Jahren auch nicht unüblich. Hotels wie das Circus Circus versuchen einen Kompromiss zu finden und haben die Hotels außerhalb vom Casino gebaut, daher gibt es keine Probleme mit dem Gesetz. Als Familie hat man jedoch den Nachteil, dass das Hotel etwas abseits ist und man daher entweder mit dem Taxi fahren muss oder für jeden ein eigenes Busticket benötigt.

Fazit

Als ich mit der Planung für dieses Buch begonnen habe, waren mir Empfehlungen sehr wichtig, damit Sie als Leser Ihren Urlaub auch genießen können. Sie werden nach Ihrem Urlaub in Las Vegas jedoch merken, dass das Publikum so bunt gemischt ist, dass man keine allgemeine Aussage treffen kann. Einige Touristen möchte gerne in Las Vegas Party machen und für diese Touristen ist Downtown sicherlich die attraktivste Anlaufstelle. Es gibt jedoch auch Touristen, welche nicht täglich im Bus sitzen möchten und daher lieber einige Dollar mehr in die Hand nehmen und ein Hotel direkt am Strip bevorzugen.

Ich möchte Sie als Leser jedoch nicht enttäuschen und daher eine kleine Empfehlung aussprechen. Sollte Las Vegas Ausgangspunkt für eine Rundreise sein, dann würde ich eher Downtown wählen. Sie können ein Hotel günstig buchen und innerhalb von 3 bis 5 Tagen den Strip und Downtown erkunden. Ein Mietwagen in den USA ist ein nicht zu unterschätzender Kostenfaktor und daher kann man durchaus etwas am Hotel sparen und die Ersparnis in einen vernünftigen Mietwagen investieren. Viele Sehenswürdigkeiten und Attraktionen konzentrieren sich auf einen kleinen Bereich in Las Vegas und innerhalb von ein paar Tagen kann man diese problemlos erkunden.

Sollten Sie als Tourist nur einige Tage zur Verfügung haben, dann ist ein Hotel direkt am Strip die bessere Alternative. Einige Touristen entscheiden sich für einen Kurzurlaub von ca. einer Woche in Las Vegas und unterschätzen dabei völlig die Flugdauer und den Zeitunterschied, der sich sofort bemerkbar macht. Als Tourist sollten Sie Ihre Zeit nicht mit Busfahrten verschwenden und sich auf den Strip konzentrieren. Am Wochenende kann sich abends ein Ausflug zur Fremont Street Experience in Downtown lohnen, wenn man einmal eine richtige Party mit einheimischen feiern möchte.

Wer in Las Vegas essen möchte, der hat die Wahl zwischen Fast Food oder einem Restaurant. Wer sich etwas genauer informiert, der wird sich jedoch für ein Buffet entscheiden. Fast jedes Hotel in Las Vegas besitzt eine riesige Kantine mit einem täglich wechselnden Buffet, welches morgens, mittags und abends zum „All you can eat“ einlädt. Bereits ab 25 Dollar pro Person kann man nach Lust und Laune essen und die Getränke werden kostenlos am Tisch serviert.

Die Qualität vom Essen

Ich war positiv überrascht, da die Qualität wirklich sehr gut ist. Besonders Obst ist in Las Vegas recht teuer und bei fast jedem Buffet gibt es eine große Auswahl an Früchten an denen man sich bedienen kann. Beworben wird ein Buffet immer mit einem Thema wie „Steak“ oder „Prime-Rib“. Jedoch wird weitaus mehr angeboten, wie eine große Auswahl an Salaten, Eis, Sushi, Meeresfrüchte und Kuchen zum Nachtisch, welcher süßer ist als in Deutschland.

Paradise Buffet

Sollten Sie sich für ein Hotel in Las Vegas Downtown entscheiden, dann sollten Sie einmal das „Paradise Buffet“ im Fremont Casino ausprobieren, mit seinen täglich wechselnden Speisen. Am Wochenende können Sie für knapp 14 Dollar ein Champagner Frühstück genießen oder mittwochs für knapp 16 Dollar ein leckeres Steak essen.

Details: http://www.fremontcasino.com/dine/paradise-buffet-and-cafe

The Buffet at Wynn

Am Las Vegas Strip existiert zwischen den großen Hotels ein Wettkampf um das leckerste Buffet und die Auswahl ist riesig. Jedoch sind die Preise deutlich höher als bei den Hotels in Downtown. So kann ein Frühstück oder Abendessen bis zum dreifachen kosten.

Sollten Sie einmal die unterschiedlichen Buffets testen wollen, dann sollten Sie mit dem Buffet im Hotel Wynn beginnen. Hier wird die Messlatte besonders hoch gesetzt. In einem gepflegten Ambiente können Sie grandiose Speisen probieren, vom Steak bis zur Auster.

Details: http://www.wynnlasvegas.com/Dining/CasualDining/TheBuffet

Ein paar Worte zum Frühstück

Geschmäcker sind unterschiedlich und die Amerikaner mögen es zum Frühstück eher süß und teilweise auch fettig. In kleinen Geschäften, wie z.B. 7 Eleven, werden morgens auch belegte Brötchen angeboten, welche etwas günstiger sind und eine Alternative darstellen.

Tipps für Las Vegas

Ein Hotel in Las Vegas wird oft nur für die Nacht genutzt, um Energie zu tanken für den nächsten Tag. Besonders das Nachtleben und die vielen Shows in Las Vegas machen die Stadt zu etwas ganz besonderem. Als Tourist wird man sprichwörtlich den "Wald vor lauter Bäumen" nicht sehen. Ich möchte daher dem Nachtleben und den Shows in Las Ve gas ein eigenes Kapitel widmen.

The King

Show in Las Vegas - "All Shook Up"

Elvis Presley war sicherlich einer der bekanntesten Musiker und kaum eine andere Stadt der Welt hat eine so enge Bindung zum "King". In Las Vegas gibt es unzählige Straßenkünstler auf dem Las Vegas Strip, die für ein paar Dollar Trinkgeld ein Foto mit Touristen machen. Möchte man jedoch die Musik von Elvis Presley einmal hören und erleben, dann bleibt nur die Buchung einer der zahlreichen Show. Bei vielen Shows merkt man leider sehr schnell, dass Las Vegas auch verschlossen und streng sein kann. Bei den zahlreichen Shows habe ich immer wieder gemerkt, dass ein absolutes Verbot für Fotos und Videos existiert, dieses auch konsequent von den Sicherheitskräften umgesetzt wird und man auch als Gast mit einem Ticket im Wert von mehr als 100 Dollar vor die Tür gesetzt werden kann. Es gibt aber auch Ausnahmen wie die Show "All Shook Up" im " V Theater". Viele positive Bewertungen im Internet und eine unglaubliche Show mit sehr guter Stimmung. Gleich am Anfang hat der Künstler das Publikum zu Fotos und Videos animiert, weil es eben gute Werbung ist. Ich fand die Show sensationell und es wundert mich nicht, dass der Künstler mehrfach ausgezeichnet wurde. Am Ende der Show kann jeder noch ein Foto mit Elvis machen und dies ohne gleich ein Trinkgeld zu verlangen. Wer Elvis erleben möchte, der sollte sich diese Show nicht entgehen lassen.

High Roller Las Vegas

Besonders Tagsüber wirkt der "High Roller" eher unspektakulär und wird von Touristen kaum beachtet, jedoch zu unrecht. Mit seinen 167 Metern ist es eines der höchsten Riesenräder der Welt, laut einiger Quellen sogar das höchste Riesenrad der We lt. Rund um das Riesenrad hat sich in den letzten Jahren eine Vergnügungsmeile entwickelt, mit zahlreichen Bars und Restaurants. In den Abendstunden ist ein Besuch absolut empfehlenswert, sogar ohne eine Fahrt im Riesenrad. Der High Roller befindet sich am Las Vegas Strip, jedoch etwas abseits direkt hinter dem Flamingo Hotel. Als Tourist können Sie die Seitengasse zwischen den Hotels Flamingo und The Linq nutzen um zum High Roller zu kommen.

Empfehlung - Tickets in der Nacht

Eine Fahrt mit dem High Roller kostet ca. 20 Dollar, jedoch gibt es für Paare immer wieder Angebote, wie 2 Tickets für 26 Dollar. Eine Fahrt mit dem High Roller dauert ca. 40 Minuten und ist besonders abends zu empfehlen, wenn die Sonne langsam über der Stadt untergeht. Sie können versuchen ein Ticket ab 20 Uhr zu buchen und mit etwas Glück können Sie vom High Roller die Wasserspiele am Bellagio bewundern, welche ab 20 Uhr alle 15 Minuten vorgeführt werden.

Zusätzlich erhalten Sie einen tollen Blick über die Berge rund um Las Vegas und können wunderschöne Urlaubsfotos machen. Jedoch sind die Fahrten ab 20 Uhr sehr begehrt und daher kann es sich lohnen, wenn man sich ein Ticket einige Tage vorher online sichert unter der folgenden Internetseite http://www.caesars.com/linq/high-roller.

Rock of Ages

Gerne hätte ich Ihnen an dieser Stelle in Foto von der Show "Rock of Ages" gezeigt, jedoch wird viel Wert auf ein Verbot für alle Fotos und Videos gelegt und dieses wird auch konsequent umgesetzt, was ich absolut nicht verstehen kann. Im Hotel "Rio", welches bereits vorgestellt wurde, wird die Show "Rock of Ages" veranstaltet. Als Gast kommt man in den Genuss einer tollen Show mit vielen Klassikern der Rockmusik, welche mit einer Liebesgeschichte kombiniert werden. Als Tourist aus Deutschland kann ich Ihnen diese Show empfehlen, da ein Vater und sein Sohn aus Deutschland eine Hauptrolle spielen. Während der Show werden Wörter wie "Bier" und "Wurst" genannt und es amüsant zu sehen, wie die Amerikaner über diese Wörter lachen. Als Münchner kann ich Ihnen jetzt schon sagen, dass die Kombination von einem Sohn aus Hamburg mit Lederhose ein amüsantes Bild war und die Schauspieler kommen tatsächlich aus Deutschland, da immer wieder einzelne Wörter oder Sätze in einem perfekten und akzentfreien deutsch ausgesprochen werden.

Tipp für die Show

Sie können Tickets problemlos online unter www.rockofagesvegas.com buchen, müssen diese jedoch im Hotel neben dem Haupteingang noch persönlich abholen. Sie benötigen hierfür die Buchungsbestätigung und Ihren Personalausweis. Direkt am Eingang wird ein Mitarbeiter Ihr Ticket prüfen und Sie wahrscheinlich nach einem Upgrade fragen, welches bei rund 40 Dollar pro Person liegt. Mit diesem Upgrade erhalten Sie einen Platz direkt vor der Bühne. Obwohl es so wirkt als müssten Sie noch 40 Dollar zahlen, ist diese Leistung optional. Ein einfaches "No" reicht vollkommen aus und Sie können Platz nehmen. Auch die Plätze rechts und links neben der Bühne bieten einen guten Blick auf die Show. Jedoch wird die Bedienung nicht zu Ihnen kommen und Sie müssen sich Getränke selber an der Bar holen und natürlich wird auch der Barkeeper ein Trinkgeld von Ihnen erwarten, welches Sie jedoch nicht bezahlen müssen.

Straßenkünstler

Überall wird man auf Straßenkünstler oder verkleidete Darsteller treffen, welche mit den Touristen ein Foto machen möchten. Egal ob Darth Vader oder Mickey Mouse, für jeden Geschmack ist etwas dabei. Sollten Sie ein Foto machen wollen, dann wird von den Künstlern ein Trinkgeld in Höhe von 5 Dollar erwartet bzw. auch strikt eingefordert. Oft treten mehrere Künstler in einer Gruppe auf, in diesem Fall müssen Sie 5 Dollar für jeden Künstler der Gruppe bezahlen.

Eingang - Heart Attack Grill

Man sollte erst gar nicht versuchen sein Gewicht zu halten, wenn man in Las Vegas ist. Überall kann man die größte Pizza der Welt probieren, das größte Steak der Welt grillen oder aber den fettigsten Hamburger der Welt bestellen. Falls Sie einmal richtig große Hamburger bestellen möchten, dann sollten Sie zum "Heart Attack Grill" in Las Vegas Downtown fahren. Bereits zahlreiche TV Sender haben über diesen Tempel der Kalorien berichtet und bei vielen entsteht die Illusion, dass sich das Restaurant am Las Vegas Strip befindet, was jedoch nicht stimmt. Direkt am Eingang zur Fremont Street Experience können Sie Hamburger mit bis zu 9.000 Kalorien essen, bzw. versuchen diesen zu essen. Bedient werden Sie von Krankenschwestern, welche Ihnen Getränke aus Spritzen zum trinken servieren und sich um das Wohl der Gäste kümmern.

Sollten Sie den Hamburger schaffen, dann werden Sie gefeiert und das ganze Restaurant wird jubeln. Jedoch ist die Schande groß, wenn Sie den Burger nicht aufessen können. In diesem Fall wird Ihnen der Hintern mit einem kleinen Paddel verhauen unter dem tosenden Applaus der anderen Gäste.

One Million Dollar Photo

Las Vegas ist die Stadt der Glücksritter und die Verlockung ist groß, einmal an einem der Automaten zu spielen. Obwohl ich kein Spieler oder gar Zocker bin, wurde auch ich in Las Vegas schwach. Aus einem Dollar wurden innerhalb weniger Sekunden 20 Dollar und 10 Dollar hat man innerhalb von wenigen Sekunden wieder verloren. Man spielt nicht um Dollar, sondern um Credits und man verliert sehr schnell den Bezug zum echten Geld, wenn alles nur digitale Credits auf einer Anzeige sind. Las Vegas als Millionär zu verlassen ist sicherlich möglich, aber nicht einfach. Immer wieder wird man Menschen treffen, die in Las Vegas alles verloren haben und nun auf offener Straße leben. Es gibt aber die Möglichkeit sich einmal, für ein paar Sekunden, als echter Millionär zu fühlen. Hierfür muss man nur nach Las Vegas Downtown fahren, in das Hotel Binion's. Besucher können im Hotel kostenlos ein Foto mit einer Million Dollar machen, ein Trinkgeld für den Fotografen wird natürlich erwartet. Sollte man sich für ein solches Foto entscheiden, dann muss man nur durch das Casino gehen und dann kurz vor den Aufzügen zu einem Mitarbeiter. Auf einem Tisch liegen tausende Dollarscheine, welche in der Summe eine Million sein sollen.

Da das Geld kaum bis gar nicht bewacht wird, bleibt es der Illusion der Touristen überlassen ob es echte Dollarscheine oder nur Fälschungen sind. Für ein Urlaubsfoto und zum angeben nach dem Urlaub ist ein solches Foto jedoch eine schöne Idee, wenn man zufällig in Downtown sein sollte.

Bonanza Souvenir Shop

Ein Urlaub ohne Souvenirs oder Erinnerungsstücke ist kein richtiger Urlaub und Las Vegas bietet mit den zahlreichen Hotels und Sehenswürdigkeiten eine unglaubliche Vielfalt an Motiven für Souvenirs. Verteilt über die ganze Stadt gibt es viele kleine und große Geschäfte, welche Mitbringsel im Angebot haben und die Preise unterscheiden sich kaum. Wer nicht unbedingt in zig Geschäfte möchte, der kann es sich ganz einfach machen und in den, nach eigenen Angaben, größten Souvenir Shop der Welt einkaufen. In der Nähe vom Stratohsphere Tower befindet sich der Bonanza Shop, der zusätzlich Bekleidung und Schmuck von Indianern anbietet. Einige Stücke kann man bereits ab 99 Cent kaufen, für andere gibt es oft einen Preisnachlass, wenn man mehrere Artikel kauft. Sollte man in Las Vegas heiraten wollen und über ein kleines Budget verfügen, dann kann man im Shop auch Eheringe kaufen, welche bereits ab 15 Dollar anfangen.

Tipp:

Direkt auf dem Parkplatz steht ein Foodtruck, der sehr gutes Pulled Pork verkauft und besonders bei einheimischen sehr beliebt ist. Täglich wird das Pulled Port frisch zubereitet und sollte der Bestand verkauft sein, dann schließt der Foodtruck. Hier heißt es schnell sein, da teilweise ab dem späten Nachmittag geschlossen wird.

Anschrift

2440 S Las Vegas Blvd
Las Vegas
NV 89104

16 Geschmacksrichtungen Coca Cola

Eine kleine kulinarische Getränkereise kann man in der Coca Cola World machen, am Anfang vom Las Vegas Strip. Für nur 8 Dollar bekommt man 16 kleine Proben von Coca Cola in unterschiedlichen Geschmacksrichtungen, aus aller Welt. Jeder Becher steht auf einem Feld mit einer Nummer und als Gast bekommt man einen Zettel mit Informationen zur Geschmacksrichtung und dem Land, in welchem die Cola in dieser Geschmacksrichtung verkauft wird, von Peru über Tansania bis Zimbabwe reichen die Geschmacksrichtungen. Verkauft werden die Getränke im zweiten Stockwerk der Coca Cola World. Für alle die Durst haben und für nur 8 Dollar einmal unterschiedliche Geschmacksrichtungen testen möchten zu empfehlen.

Anschrift:

Südlicher Las Vegas Strip, täglich von 10:00 Uhr bis 23:00 Uhr

Eingang zum Food Court

Las Vegas möchte eine Stadt sein, die niemals schläft, jedoch schließen auch in Las Vegas viele Geschäfte nachts und der hungrige Tourist kann Probleme bekommen, wenn er mal etwas essen möchte. Es muss nicht immer der noble Italiener oder das Steak für 80 Dollar sein. Falls das Budget eher klein ist und man trotzdem nicht immer Pommes und Cheeseburger essen möchte, für den eignen sich die Food Courts, welche teilweise etwas versteckt sind. Am südlichen Anfang vom Las Vegas Strip, in der Nähe der Coca Cola World, befindet sich z.B. ein großer Food Court. Rund um die Uhr kann man hier essen, egal ob es ein Baguette, Nudeln, Pizza oder ein Steak sein soll, für jedes Budget wird in den Food Courts etwas angeboten und die Portionen sind teilweise riesig. In der Mittagszeit sind die Food Courts stark frequentiert und daher sollte man sich auf Wartezeiten einstellen. Abends und besonders in der Nacht sind weniger Touristen in den Food Courts und das Essen wird nicht warm gehalten, sondern bei jeder Bestellung frisch zubereitet.

Eingang zum Mob Museum

Die Geschichte von Las Vegas war geprägt von der Mafia, Geldwäsche, Prostitution und Drogen. Heute hat sich die Stadt gewandelt und bietet für die Touristen eine große Auswahl an Attraktionen, fast rund um die Uhr. Es gibt jedoch einen Ort, an dem die Uhr stehen geblieben ist. In Las Vegas Downtown existieren noch viele der Hotels aus der dunklen Zeiten und daher ist es nur selbstverständlich, dass in Downtown auch ein Museum steht, welches sich mit der Geschichte von Las Vegas beschäftigt. Direkt hinter den kleinen Hotels an der Fremont Street Experience steht ein unscheinbares Museum. Sobald man es betritt, bekommt man einen Eindruck über die Mafia, Morde und die Entstehung der Stadt. Mit einem Eintrittspreis von knapp 25 Dollar ist das Museum keine günstige Attraktion, jedoch wird ein Kombiticket für 30 Dollar angeboten, welches gleichzeitig auch für das Neon Museum genutzt werden kann.

Im Museum gibt es eine Ausstellung mit zahlreichen Bildern und einzelnen Filmen, run d um die Strafverfolgung, die Arbeit der Polizei und bekannten Gangstern. Als Besucher kann man sich Zellen anschauen und einen Eindruck vom Alltag der Polizei bekommen. Neben der Ausstellung ist auch das Gebäude ein Highlight, da es sich um das alte Gerichtsgebäude handelt.

Sollte man kein Ticket kaufen wollen, dann lohnt sich ein kurzer Besuch im hauseigenen Souvenirshop. Verkauft werden z.B. Bücher mit vielen Fotos und Informationen zur Geschichte der Stadt.

Adresse: 300 Stewart Ave, Las Vegas, NV 89101

Internetseite: www.themobmuseum.org

Eingang zum Neon Museum

Las Vegas entfaltet seine volle Schönheit in der Nacht, wenn die Lichter Hotels und Straßenzüge beleuchten. Viele der Neonlichter spiegeln Trends wieder und werden irgendwann gegen neue Neonlichter ausgetauscht. Im Neon Museum bekommt man einen Einblick in die Entwicklung der Neonlichter, mit rund 160 Exemplaren aus unterschiedlichen Epochen. Einige der Neonlichter wurden von Betty Willis entworfen, der z.B. auch das weltbekannte Las Vegas Schild entworfen hat. Im Museum werden nur geführte Touren angeboten und man sollte das Ticket einige Tage vor dem geplanten Besuch kaufen. Im Neon Museum spiegeln die Neonlichter die Sonne wieder und die Temperatur kann auf über 55 °C steigen, daher werden für die Besucher kostenlose Schirme angeboten. In den Sommermonaten kann es passieren, dass die Touren komplett storniert werden, wenn die Hitze eine Tour nicht zulässt. Als Besucher sollte man etwas zu trinken mitnehmen und eine Kopfbedeckung. Das Neon Museum befindet sich ca. 10 Minuten von der Fremont Street Experience und kann zu Fuß oder mit dem Bus erreicht werden.

Adresse: 770 N Las Vegas Blvd, Las Vegas, NV 89101

Beef Jerky Store - Las Vegas Downtown

Amerikaner lieben Beef Jerky und die Auswahl an Produkten ist deutlich größer als bei uns. Bei Beef Jerky handelt es sich um in Scheiben geschnittenes Fleisch, meistens Rind, welches getrocknet und als Snack gegessen wird. Es ist vom Geschmack sehr intensiv, jedoch auch Zeh und muss gut gekaut werden. Ursprünglich diente Beef Jerky als Proviant für lange Reisen durch die Wüste und wurde bereits von Indianern hergestellt.

Mittlerweile wurde das Angebot sehr stark ausgeweitet und Beef Jerky wird in unterschiedlichen Größen und Geschmacksrichtungen angeboten, wie z.B. aus Obst, Gemüse oder Fisch. Viele Geschäfte in den USA haben eine kleine Auswahl an Beef Jerky, jedoch spezialisieren sich immer mehr Shops auf den reinen Verkauf.

Einer der größten Shops in Las Vegas ist der "Beef Jerky Store" in Las Vegas Downtown, direkt in einer Seitenstraße der Fremont Street Experience. Im Angebot befinden sich Produkte ab 1 Dollar und die Auswahl an Produkten ist riesig.

Tipp:

Der Geschmack von Beef Jerky ist für den europäischen Gaumen am Anfang etwas gewöhnungsbedürftig. Bei längeren Fahrten oder Ausflügen durch die Wüste ist der Vorteil von Beef Jerky nicht zu unterschätzen. Eine Kühlung von Proviant ist kaum möglich und Beef Jerky, als Trockenfleisch, bietet sich perfekt als Snack an. Es gibt Packungen mit unterschiedlichen Geschmacksrichtungen, welche sich zum probieren perfekt eignen.

Waschsalon in Las Vegas Downtown

Teilweise sind es die kleinen Probleme, die schnell zu großen werden können. Umso länger der Urlaub ist, umso weniger frische Kleidung zum anziehen hat man im Koffer. Besonders bei Rundreisen kann dies schnell zu einem Problem werden. So war Las Vegas nur ein Ziel meiner dreiwöchigen USA Rundreise. Ich musste daher Kleidung für das Wetter in Las Vegas mitnehmen, lange Kleidung für die kühlen Berge und auch eine Jacke für die Küste von San Francisco. In Las Vegas ist es warm und teilweise schmutzig, daher muss die Kleidung irgendwann gewaschen werden.

Viele Hotels bieten einen Waschservice an, jedoch zu sehr hohen Preisen. So kann die Reinigung von einem T-Shirt bis zu 8 Dollar kosten, während ein neues T-Shirt in einem Geschäft oft unter 10 Dollar gekauft werden kann. Eine einfache Möglichkeit ist ein Waschsalon, die jeder Student ohne Waschmaschine aus seiner Studentenzeit noch kennt. Direkt am Strip oder in Downtown wird man einen solchen Salon nicht finden, daher muss man entweder mit dem Bus oder Mietwagen zum einem der großen Anbieter fahren.

Viele einheimische in Las Vegas besitzen keine eigene Waschmaschine und daher ist es besonders am Wochenende sehr voll. Man muss sich auf lange Wartezeiten einstellen und daher sind die Tage während der Woche eher zu empfehlen.

Waschmittel

Waschmittel kann direkt im Waschsalon für einen Dollar gekauft werden. Trockner und Waschmaschinen akzeptieren nur 25 Cent Münzen, welche man auch im Salon wechseln kann.

Heiraten in Las Vegas

Kleine Kapelle in Las Vegas

Jedes Jahr trauen sich tausende Paare in Las Vegas, wobei die Mehrheit keine Touristen sondern Amerikaner sind. Viele Paare aus Los Angeles oder San Francisco entscheiden sich für eine Hochzeit in Las Vegas, da die Trauung bereits für kleines Geld geplant werden kann. Angeboten werden Trauungen von großen Hotels mit eigener Kapelle, oder den vielen kleinen Kapellen in Las Vegas. Als Paar kann man sich für eine große romantische Hochzeit entscheiden, oder für die Hochzeit durch den Drive-Thru, einfach mit dem Auto an den Schalter und nach ein paar Minuten ist man verheiratet. Bedingt durch diese Einfachheit der Eheschließung gehen viele davon aus, dass diese Ehe nicht bindend ist, was jedoch nicht stimmt.

Die Kosten einer Hochzeit

Obwohl eine Hochzeit in Las Vegas auf den ersten Blick günstig wirkt, sollte man die Gesamtkosten nicht unterschätzen. Als Brautpaar benötigt man einen Flug in die USA und natürlich ein Hotel in Las Vegas. Eine Eheschließung ist nur mit Trauzeugen möglich, welche ebenfalls in die USA eingeflogen werden müssen. Rund um die Hochzeiten hat sich eine eigene Industrie entwickelt und das Angebot der Dienstleister ist mit weiteren Kosten verbunden. So sind z.B. private Foto- oder Videoaufnahmen in den Kapellen nicht erlaubt und müssen zusätzlich bezahlt werden.

Hochzeitserlaubnis

Bevor Sie in Las Vegas heiraten können, müssen Sie im „Marriage Bureau" persönlich erscheinen und eine „Marriage License" beantragen, welche bei der eigentlichen Hochzeit vorgelegt werden muss und 77 Dollar kostet. Sie benötigen nur Ihren Reisepass und keine anderen Dokumente. Insgesamt ist die Prozedur recht unbürokratisch und unkompliziert.

Marriage Bureau , 201 Clark Avenue , Las Vegas

Bei der Planung sollte man bedenken, dass einige Tage sehr beliebt sind und daher rechtzeitig geplant werden sollten, wie z.B. Weihnachten, Valentinstag oder Neujahr. In den USA ist es ähnlich wie in Deutschland, ein Datum das man sich leicht merken kann oder besonders ist, ist auch bei Hochzeiten sehr beliebt.

Eheschließung

Die Eheschließung erfolgt entweder bei einem Standesbeamten (Commissioner of Civil Marriages) oder aber einer staatlich befugten Person. Beide Brautpaare müssen mindestens 18 Jahre alt sein und jeder benötigt einen Trauzeugen. Einige Kapellen stellen auf Wunsch Trauzeugen zur Verfügung, gegen eine (hohe) Gebühr. Die Kosten für die reine Eheschließung, ohne Trauzeugen, belaufen sich auf knapp 80 Dollar.

Standesbeamten

Sollten Sie sich für einen Standesbeamten entschließen, dann müssen Sie einen Termin vereinbaren. Im Standesamt ist die Eheschließung vergleichbar mit der in Deutschland.

Commissioner of Civil Marriages
330 South Third Street
6th Floor Suite 660
Las Vegas

Heiraten in einer Kapelle

Paare die in Deutschland aus der Kirche ausgetreten sind, können in Las Vegas trotzdem in einer Kapelle heiraten. Fotografieren und Filmen ist nicht erlaubt, da dies Zusatzeinnahmen für die Kapelle darstellen und anschließend verkauft werden.

Anerkennung in Deutschland

Die, nach der Trauung, ausgehändigte Heiratsurkunde wird in Deutschland nicht sofort anerkannt. Sie müssen in Deutschland eine beglaubigte Kopie des registrierten Trauscheins vorlegen und eine Apostille, eine Art länderübergreifende Beglaubigung von Urkunden. Vereinzelt wird auch eine deutsche Übersetzung der Dokumente verlangt.

Apostille erstellen lassen

Nevada Secretary of State
101 North Carson St.
Suite 3
Carson City

Trauschein beglaubigen lassen

Recorder's Office
500 S. Grand Central Parkway
2nd Floor
Las Vegas

Nationalparks

Las Vegas ist fasziniert und viele Urlauber vergessen dabei sehr schnell, dass der Bundesstaat Nevada viele Nationalpark besitzt und die Schönheit der Natur sollte man sich nicht entgehen lassen. So muss man teilweise nur wenige Kilometer fahren und man findet eine atemberaubende Natur oder spektakuläre Bergformationen. Sollten Sie genügend Zeit haben oder der Spielerstadt einfach mal entfliehen wollen, dann kann ich Ihnen die Nationalparks und Sehenswürdigkeiten in diesem Kapital.

Vorbereitung für Ausflüge

Sollten Sie einen der Nationalpark besuchen wollen, dann gilt es einige Punkte zu beachten. Zum einen sind die Nationalpark sehr groß und besitzen oft keine Tankstellen, daher ist ein voller Tank sehr wichtig bei der Abreise. Zusätzlich sollte man ausreichend Wasser im Fahrzeug haben. Als Faustregel kann man sagen, dass pro Person min. 5 Liter notwendig sind. Meistens werden Sie bereits am Eingang gefragt, ob genügend Wasser vorhanden ist und sollte dies nicht der Fall sein, dann kann Ihnen auch der Zugang verwehrt werden. Da die Hitze teilweise unerträglich ist, sollten Sie sich, z.B. im Walmart, eine Kühlbox aus Styropor holen, welche ca. 2 bis 3 Dollar kostet. In Hotels gibt es oft kostenlose Eiswürfel und Sie können auch kühle Getränke genießen in der Wüste.

Anbieter für Ausflüge

In Las Vegas gibt es zahlreiche Anbieter für Tagesausflüge zu den vielen Nationalsparks und Sehenswürdigkeiten außerhalb der Stadt. Sollten Sie alleine verreisen, dann stellen die Anbieter eine sinnvolle Alternative zum Mietwagen dar. Umso größer Ihre Gruppe jedoch ist, umso eher lohnt sich ein Mietwagen. Sie können die Reise viel flexibler gestalten und sind nicht abhängig von den Launen und Wünschen einer großen Reisegruppe.

Die Fahrtzeit nicht unterschätzen

Eine einfache und schnelle Möglichkeit sich über Fahrzeiten zu informieren stellt z.B. Google Maps dar oder direkt die Angaben im Navigationssystem. Hierbei handelt es sich oft um die ideale Reisezeit, welche in der Realität deutlich höher sein wird. Besonders morgens, abends und kurz vor bzw. nach dem Wochenende sind die Straßen oft überfüllt und die Fahrzeit kann sich extrem in die Länge ziehen.

Annual Pass

Sollten Sie viele Nationalparks besuchen wollen, dann lohnt sich eventuell der Annual Pass für Sie, welchen Sie online unter http://store.usgs.gov/pass/index.html kaufen können. Mit diesem 80 Dollar Pass erhalten Sie Zugang zu vielen Nationalparks in den USA und können so die Kosten für den Eintritt deutlich reduzieren.

Eingang: Valley of Fire State Park

Eigentlich verwunderlich, dass das Valley of Fire in kaum einem Reiseführer erwähnt wird. Nur knapp 85 KM von Las Vegas entfernt, befindet sich dieser wunderschöne Nationalpark, der von nur wenigen Touristen besucht wird. Für nur 10 Dollar Eintritt, pro Fahrzeug und unabhängig von den Insassen, kann man den ältesten und zugleich auch größten Nationalpark von Nevada besuchen. Im Park befinden sich zahlreiche wunderschöne Sandsteinformationen, welche mehr als 150 Millionen Jahre alt sind und somit bereits zu Zeiten der Dinosaurier existierten. Im Park herrschen Temperaturen von bis zu 50 °C, daher informieren sich die Mitarbeiter vor dem Eintritt ob man genügend Wasser mit sich führt. Herzstück vom Park ist die "Valley of Fire Road", welche durch den gesamtem Park führt und ca. 17 KM lang ist.

Valley of Fire Road

Viele der Sehenswürdigkeiten sind nur zu Fuß erreichbar, daher gibt es vor interessanten Sehenswürdigkeiten kostenlose Parkplätze und Wegweiser. Da keine Angaben zur Entfernung ausgeschildert sind, sollte man immer eine Flasche Wasser bei sich führ en. So kann der Wechsel aus dem klimatisierten Auto in die Wüste schnell auf den Kreislauf schlagen und man sollte sich nicht hetzen, sondern den Spaziergang genießen.

Valley of Fire Visitor Center

Mitten im Park befindet sich das "Valley of Fire Visi tor Center". Sie müssen im Gebäude keinen Eintritt bezahlen und können Wasser kostenlos nachfüllen. Zusätzlich befinden sich Toiletten und eine Ausstallung über die Tierwelt vom Park im Gebäude. Sollte es Probleme geben, dann befindet sich nebenan die Stati on der Park Ranger, die bei Fragen oder Problemen gerne helfen. Sollten Sie sich für einen Besuch entscheiden, dann sollten Sie bereits früh morgens in den Park fahren. Obwohl die Valley of Fire Road mit Ihren knapp 17 Kilometer sehr kurz erscheint, kann man durchaus einen ganzen Tag im Park verbringen.

Bereits die Anfahrt ist ein Erlebnis, da der Park sehr abgelegen ist und man teilweise über Schotterwege fahren muss. Im Park existiert eine wunderschöne Berglandschaft, daher ist ein stark motorisierter Wagen empfehlenswert. Eine der bekanntesten Sehenswürdigkeiten im Park ist der "Elephant Rock". Er befindet sich am Ende vom Park, kurz bevor Sie diesen wieder verlassen auf der linken Straßenseite, jedoch ist das "wilde" parken am Straßenrand nicht erlaubt. Kurz vor dem Elephant Rock befindet sich ein Parkplatz und Sie erreichen den Elephant Rock zu Fuß.

Elephant Rock

Als Tourist sollten Sie bedenken, dass einige Bereiche vom Nationalpark eventuell gesperrt sein können. Hierbei handelt es sich oft um Gebiete, welche weit abgelegen sind und in denen sich Touristen durchaus verlaufen können. Zusätzlich werden einige Bereiche nicht kontrolliert, was bei Orientierungslosigkeit und Wassermangel tödlich enden kann. Ebenfalls nicht zu unterschätzen ist, dass auch in der Wüste viele Tiere leben, wie z.B. Kojoten. Als Tourist sollten Sie daher nach Möglichkeit immer in der Nähe vom Auto bleiben, damit Sie sich in einer Gefahrensituation in Sicherheit bringen können.

Anreise:

29450 Valley of Fire Road,
Moapa Valley
NV 89040

Wichtig: Bitte fahren Sie nicht direkt nach Moapa Valley! Hierbei handelt es sich um eine Stadt, welche ca. 20 KM vom Valley of Fire entfernt ist.

Eintritt:

10 Dollar pro Fahrzeug, unabhängig von der Anzahl der Insassen.

Unterwegs zum Death Valley

Bekannter als das Valley of Fire ist das Death Valley. Während das Valley of Fire ca. 85 KM östlich von Las Vegas liegt, befindet sich das Death Valley westlich. Sollten Sie sich für einen Besuch entscheiden, dann liegen rund 240 KM pro Strecke vor Ihnen, daher handelt es sich um einen Tagesausflug, der bereits früh morgens beginnen sollte. Beim Death Valley Nationalpark handelt es sich um einen der heißesten Nationalparks der USA, jedoch nicht, wie fälschlicherweise oft geschrieben, um den heißtesten Ort der Welt. Es wurden viele Messungen durchgeführt und jeweils im Jahr 2004 und 2005 wurden im Iran in der " Dasht-e Lut" Wüste Temperaturen von über 70 Grad gemessen. Im Death Valley herrschen Temperaturen von teilweise bis zu 50 Grad und dennoch wird dieser Ort von ca. 400 Menschen bewohnt.

Die Planung

Bei einem Ausflug ist es daher sehr wichtig, dass man genügend Benzin im Auto hat, ausreichend Wasser mit sich führt und für den Hunger zwischendurch eignen sich Bananen. Zusätzlich ist eine Kopfbedeckung empfehlenswert, damit es nicht zu einem Hitzschlag kommt. Bei den hohen Temperaturen kann der Motor vom Auto sehr schnell überhitzen. Obwohl die Klimaanlage sehr verlockend ist, sollte dieser nicht dauerhaft im Betrieb sein. Bei einer Panne müssen Sie eventuell lange warten bis Hilfe kommt. Eine weitere Problematik stellt der Handyempfang dar, der teilweise sehr schlecht bis gar nicht vorhanden ist.

Badwater Basin:

Das Badwater Basin ist eine Senke in der sich Regenwasser sammelt und verdunstet. Über Jahre hat sich eine Schicht mit unterschiedlichen Mineralien angesammelt, welche in der Sonne in unterschiedlichen Farben schimmern. Die Senke liegt 86 Meter unterhalb vom Meeresspiegel und ist der tiefste Punkt der USA.

Dante's View:

Hierbei handelt es sich um eine weltbekannte Aussichtsplattform, welche einen wundervollen Blick auf das Death Valley bietet. Auf der gegenüberliegenden Seite befinden sich die Panamint Mountains.

Racetrack Playa:

In Deutschland ist Racetrack Playa eher bekannt als die "Wanderfelsen vom Death Valley". Auf einem ausgetrockneten See findet man Felsen, welche sich scheinbar von Geisterhand über den See bewegen und dabei Spuren im Boden hinterlassen. Mittlerweile konnten Wissenschaftler den Grund für die Bewegung herausfinden. Es handelt sich um dünne Eisschichten unter den Felsen und bereits ab einer leichten Brise fangen die Felsen an sich zu bewegen.

Über die Jahre konnte sich das Death Valley, besonders bei Touristen in Las Vegas, als wahrer Anziehungspunkt für Ausflüge entwickeln. Mittlerweile wird der Park von mehr als einer Millionen Touristen pro Jahr besucht.

Durch den Nationalpark führt der Highway 190, der von vielen Touristen für die Durchfahrt genutzt wird. In der Nähe vom Nationalpark befindet sich die Kleinstadt Furnace Creek, welche für einen Zwischenstopp genutzt werden kann. Jedoch sind Benzin, Getränke und Lebensmittel in dieser Kleinstadt sehr teuer und sollten daher bereits mitgebracht werden. Vor der Anreise sollte man den Wetterbericht unter https://www.nps.gov/deva/index.htm auf Warnhinweise für Touristen studieren.

Touren ab Las Vegas:

Einige Anbieter in Las Vegas bieten Touren zum Death Valley an. Jedoch sind die Kosten teilweise sehr hoch und liegen bei bis zu 300 Dollar pro Person. Sollten Sie einen Mietwagen besitzen, dann stellt dies eine sehr günstige Alternative zu den Anbietern dar.

Anreise:

Furnace Creek / Highway 190. Anschließend nach Beschilderung.

Eintritt:

20 Dollar pro Fahrzeug inkl. aller Insassen

Las Vegas Harbor

Auf den Straßen von Las Vegas und rund um Las Vegas wird man ein eher ungewohntes Bild sehen und zwar Anhänger mit einem Boot. Als Tourist wundert man sich eventuell, da Las Vegas mitten in der Wüste liegt und man alles andere als einen Hafen erwarten würden. Bei Touristen kaum bekannt ist jedoch der Las Vegas Harbor, ein Yachthafen am Lake Mead. Beim Lake Mead handelt es sich um einen Stausee, der etwa 50 KM von Las Vegas entfernt ist und an der Grenze zu Arizona liegt. Wer den Hoover Dam sehen möchte, der wird sicherlich auch am Lake Mead vorbeifahren.

Rund um den See gibt es zahlreiche Parkmöglichkeiten und natürlich kann man auch im Lake Mead baden. Optional kann man auch eine Bootstour auf dem See buchen, welche auch mit einem Abendessen angeboten wird. Er etwas Ruhe sucht und einen wunderschönen Sonnenuntergang in der Wüste sehen möchte, für den ist der Lake Mead eine Oase der Erholung.

Anreise:

Fahren Sie Richtung Boulder City und folgen Sie den "Lake Mead" Schildern.

Eintritt:

20 Dollar pro Fahrzeug und alle Insassen.

Hoover Dam

An der Grenze zwischen Nevada und Arizona befindet sich eines der bekanntesten Bauwerke der Welt - Der Hoover Dam. Benannt wurde die Talsperre nach dem 31ten US Präsidenten Herbert C. Hoover und wurde diese zwischen 1931 und 1935 erbaut. Während der Bauarbeiten starben zahlreiche Menschen, jedoch aufgrund von Dehydratation und nicht durch Unfälle auf der Baustelle. An zahlreichen Stellen am Hoover Dam wird darauf hingewiesen, dass man ausreichend Wasser trinken soll.

Zeitsprung am Hoover Dam

Eine besondere und eher unbekannte Attraktion ist die "Zeitreise" am Hoover Dam. Erbaut wurde das Bauwerk an der Grenze von Nevada und Arizona, daher existieren direkt am Bauwerk unterschiedliche Zeitzonen. Während in Nevada die "PST - Pacific Standard Time" mit 9 Stunden Zeitunterschied zur MEZ existiert, gilt in Arizona die "MST - Mountain Standard Time" mit 8 Stunden Zeitunterschied zur MEZ. Zusätzlich hält sich Nevada an die Umstellung der Sommerzeit, während Arizona keine Umstellung vornimmt. Sie können daher bei einem Spaziergang auf dem Hoover Dam nicht nur zwischen zwei Bundesstaaten der USA hin und her spazieren, sondern zusätzlich auch eine kleine Zeitreisen durchführen.

Damit die Verwirrung für die Touristen nicht zu groß ist, befinden sich jeweils in Nevada und in Arizona zwei große Türme, welche die aktuelle Uhrzeit anzeigen.

Zeitunterschied auf dem Hoover Dam

Hoover Dam Visitor Center

Direkt am Hoover Dam befindet sich ein Visitor Center. Im Gebäude kann man sich mit Getränken eindecken oder aber eine Kleinigkeit essen. Zusätzlich existiert ein kleiner Souvenirladen, der auch Bücher mit der Geschichte über den Hoover Dam verkauft. Sie können hier auch unterschiedliche Touren buchen und sich den Hoover Dam im inneren anschauen. Jedoch schließt der Hoover Dam bereits gegen 17:00 Uhr, daher wird die letzte Tour oft um 16:00 Uhr angeboten. Sollten Sie den Lake Mead und den Hoover Dam besichtigen wollen, dann müssen Sie bereits früh morgens in Las Vegas losfahren, da besonders der Hoover Dam sehr versteckt liegt, was man bei einem Gebäude dieser Größe nicht vermuten würde. Sie sollten sich daher genau nach Straßenschildern fahren, da auch ein Navigationssystem bei Schotterwegen versagen kann.

Eintritt:

Sie haben bereits am Lake Mead 20 Dollar bezahlt, daher ist die Besichtigung des Hoover Dam kostenlos. Touren müssen zusätzlich bezahlt werden. In den letzten Jahren wurde die Preise teilweise stark angehoben und liegen zwischen 10 Dollar und 25 Dollar pro Person. Für Kinder und Senioren gibt es Preisnachlässe.

Parken:

Immer wieder werden Sie auf kostenpflichtige Parkplätze stoßen, welche jedoch von privaten Unternehmen angeboten werden. Es befinden sich auch zahlreiche kostenlose Parkplätze rund um den Hoover Dam, daher können Sie sich die Kosten zwischen 10 Dollar und 20 Dollar sparen.

Fahrt zum Grand Canyon

Der Grand Canyon zählt zu den bekanntesten Sehenswürdigkeiten für Touristen in Las Vegas. Seit mehreren tausend Jahren wird das riesige Gebiet um den Grand Canyon von Menschen erforscht und bewohnt. Seine besondere Bedeutung hat der Nationalpark durch US Präsident Theodore Roosevelt erhalten, der sich gerne im Grand Canyon aufhielt und diesen im Jahr 1901 zum Nationalpark ernannte. Im Jahr 1979 wurde der Grand Canyon zusätzlich zum UNESCO Weltnaturerbe ernannt. Jährlich zieht es tausende von Touristen zum Grand Canyon und alle die Ihnen sehen, können dieses einzigartige Bild nur schwer in Worte fassen.

Völlig unterschätzt wird jedoch in der Regel die Anreise zum Grand Canyon. Es handelt sich um keine Attraktion in der Nähe von Las Vegas, da bereits die Anreise ca. 5 Stunden in Anspruch nimmt, bzw. knapp 450 KM pro Strecke. Immer wieder unterschätzen Touristen die Strecke, welche teilweise völlig abgelegen ist und auf den letzten Metern nicht einmal asphaltiert. Oft versagt das Navigationssystem und besonders bei Dunkelheit kann man die Orientierung sehr schnell verlieren. Es ist definitiv nicht empfehlenswert den Grand Canyon als Tagestour zu planen. Ich persönlich empfehle hier 3 Tage, idealweise während der Woche, da am Wochenende viele Hotels am Grand Canyon ausgebucht sind. Sie können z.B. an einem Montag anreisen und in einem Hotel in der Nähe einchecken und sich einen ersten Überblick verschaffen, am Dienstag haben Sie den ganzen Tag Zeit für den Grand Canyon und am Mittwoch erfolgt die entspannte Rückreise.

Eine Alternative sind Touren mit dem Helikopter, welche durch zahlreiche Anbieter in Las Vegas angeboten werden, mit Kosten ab ca. 250 Dollar pro Person.

Rund um den Grand Canyon Nationalpark existieren viele Sehenswürdigkeiten, welche jedoch teilweise weit voneinander entfernt sind. So hat alleine der Grand Canyon eine Fläche von rund 5.000 KM². Wie beeindruckend das Naturwunder ist, wird bereits im Flugzeug deutlich, wenn man einen Blick durch die Wolkendecke wirft.

Grand Canyon

Grand Canyon Skywalk:

Eine von Menschenhand erbaute Attraktion ist der Grand Canyon Skywalk, der sich im Hualapai Indian Reservation befindet und eine der wenigen Einnahmequellen der Indianer darstellt. Offiziell eröffnet wurde der Skywalk Ende März 2007 und wird täglich von zahlreichen Touristen besucht. Für den Skywalk muss man zusätzlich Eintritt bezahlen, der sich aktuell auf ca. 25 Dollar beläuft. Anschließend kann man einen Glasboden, der an ein Hufeisen erinnert, betreten und erhält einen atemberaubenden Blick nach unten. Beim Grand Canyon Skywalk handelt es sich um eine umstrittene Attraktion, da die Kritiker, darunter auch einige Hualapai Indianer, den Bau als Eingriff in die natürliche Landschaft vom Grand Canyon ansehen und der nur durch private Investoren finanzierbar war. Trotz der einzelnen Kritik und den zusätzlichen Kosten, ist der Besuch ein einmaliges Erlebnis und bietet ein wunderschönes Panorama für das eigene Fotoalbum.

Grand Canyon South Rim:

Aufgrund seiner guten Lage im Grand Canyon Village und der guten Infrastruktur ist der South Rim stark frequentiert. Oft wird der South Rim als Naturwunder dargestellt, der kau m besucht wird. Jedoch entspricht dies nicht der Realität, da besonders am Wochenende der South Rim sehr überlaufen ist. Ein Vorteil vom South Rim ist, dass dieser das ganze Jahr geöffnet ist.

Grand Canyon North Rim:

Im Gegensatz zum South Rim, ist der North Rim nur in der Zeit von Mai bis Oktober geöffnet. Obwohl der North Rim nur etwa 15 KM Luftlinie vom South Rim entfernt ist, muss man mit dem Auto den kompletten Canyon umfahren, daher sollte man mit einer Strecke von ca. 350 KM rechnen, welche bedingt durch die Straßenverhältnisse, auch bis zu 6 Stunden Fahrzeit in Anspruch nimmt.

Informationen für Touristen:

Als Besucher sollten Sie sich vorher über eventuelle Sperrungen, Wetterbedingungen, Warnungen oder allgemeinen Hinweisen online unter https://www.nps.gov/grca/index.htm informieren.

Wandern und Zelten:

Für körperlich gesunde Urlauber mit einer guten Konditionen bietet sich der Grand Canyon auch zum wandern und zelten an. Jedoch benötigt man für die Übernachtung im Park eine offizielle Genehmigung, welche vereinzelt erst 4 Monate vorher beantragt werden kann. Im Park sind zahlreiche Park Ranger unterwegs, welche diese genau prüfen.

Klima:

Touristen sollten besonders die klimatischen Bedingungen am Grand Canyon beachten. In den Monaten November bis März herrschen Temperaturen rund um den Gefrierpunkt, daher ist warme Kleidung und eine entsprechende Bereifung vom Auto wichtig. Leider bieten viele Autovermieter keine Winterreifen an, da diese teilweise auch unbekannt sind und dies kann zu gefährlichen bis tödlichen Unfällen führen. Für einen Besuch eignen sich die Monate rund um den Juni, da die Temperaturen sich zu dieser Zeit um ca. 30 Grad einpendeln.

Planung:

Sie sollten für den gesamten Grand Canyon viel Zeit einplanen. Falls Sie alle Attraktionen sehen möchten, dann kann dies bis zu einer Woche dauern. Rund um den Grand Canyon gibt es nur wenige Hotels, daher sollte man einige Wochen bis Monate vor dem Besuch buchen. Sie zahlen pro Fahrzeug ca. 25 Dollar Eintritt und das Ticket ist für eine Woche gültig. Daher kann das Hotel auch außerhalb liegen.

Fahrt zum Zyon Canyon

Der Zyon Canyon befindet sich im Bundesstaat Utah und ist ca. 250 KM, einfache Strecke, von Las Vegas entfernt. Mit etwas Planung und einer Abreise in der früh ist die Strecke für einen Tagesausflug geeignet. Im Canyon befinden sich zahlreiche Sandsteinfelsen, die etwas an das Valley of Fire erinnern. Aufgrund der günstigen klimatischen Lage ist der Park teilweise schon begrünt und bietet eine tolle Abwechslung zur Wüste von Nevada. In den Monaten zwischen April und Oktober ist der Park jedoch für Fahrzeuge gesperrt, daher ist eine Durchfahrt durch den Park nicht möglich. Für Besucher werden im Park kostenlose Busse (Zion Shuttle) angeboten, welche an 8 Sehenswürdigkeiten halten. Als Alternative und ideal für einen ersten Überblick, bietet sich eine Rundfahrt mit dem Bus an, welche ca. 2 Stunden dauert. Ein großer Vorteil vom Park ist, dass dieser nicht so überlaufen ist.

Bedingt durch das angenehme Klima und die kostenlose Busse im National Park sind auch Wanderungen möglich. Als Tourist sollte man jedoch einige Strecken im Park nur mit Erfahrung planen, da diese an Hängen liegen und man teilweise auch klettern muss. Obwohl der Zyon National Park nur wenige hundert Kilometer von Las Vegas entfernt ist, herrschen komplett andere Wetterbedingungen mit sehr kalten Temperaturen in Winter.

Anreise:

Springdale in Utah 84767, später nach Beschilderung.

Eintritt:

Pro Fahrzeug 25 Dollar für 7 Tage

Fahrt zum Bryce Canyon National Park

Nur knapp 80 KM vom Zyon Canyon National Park entfernt befindet sich der Bryce Canyon National Park. Sollte man sich für beide Parks interessieren, dann empfiehlt sich eine Übernachtung zwischen Zyon Canyon und Bryce Canyon.

Der Bryce Canyon National Park befindet sich ebenfalls im Bundesstaat Utah und wurde besonders durch farbige Felspyramiden bekannt, welche auch Hoodoo genannt werden. Im Vergleich zu den Felspyramiden im Valley of Fire, sind die Formationen im Bryce Canyon deutlich größer und beeindruckender. Besonders interessant ist die Flora und Fauna, da die Wälder und Wiesen z.B. Füchsen oder aber auch Berglöwen einen Lebensraum bieten.

Shuttle Service:

In den Monaten zwischen Mai und Oktober wird ein kostenloser Shuttle Service im Park angeboten, der eine Alternative zum Auto darstellt. Es wird höflich darauf hingewiesen, dass man das Angebot in Anspruch nehmen sollte, damit das Verkehrsaufkommen im Park verringert wird um die Tierwelt zu schützen. In den kalten Monaten kann es zu Sperrungen kommen, bedingt durch den Schneefall oder aber starken Stürmen. Als Tourist sollte man sich an die Sperrungen halten!

Anreise:

Interstate 89 nach Bryce oder Bryce Canyon National Park, Utah 84764

Eintritt:

30 Dollar pro Fahrzeug inkl. aller Insassen

Yosemite National Park - Trogtal -

Rund um Las Vegas existieren zahlreiche National Parks, welche man besuchen kann. Sollte man nach einem intensiven Kontrast zur Wüste suchen, dann bieten sich die National Parks in Kalifornien an. An dieser Stelle muss jedoch ganz klar erwähnt werden, dass die Parks nur mit ausreichend Planung besucht werden sollten und sehr großen Zeitfenster von bis zu einer Woche. Besonders die Anfahrt nimmt sehr viel Zeit in Anspruch und viele Hotels in der Nähe vom Yosemite National Park sind bereits viele Monate vorher ausgebucht, da z.B. die Stadt San Francisco nur knapp 250 KM entfernt ist.

In den USA zählt der Yosemite National Park, neben dem Yellow Stone National Park, zu den bekanntesten Nationalparks mit einer unbeschreiblichen Landschaft. Obwohl der Yosemite National Park eine Fläche von rund 3.000 km² besitzt, wird man Touristen nur an ein paar Stellen finden. Besonders der Bereich rund um das Visitor Center ist auch unter der Woche sehr stark von Touristen belagert, daher kann die Suche nach einem Parkplatz sehr nervig sein. Hier empfiehlt sich eine Anreise bereits in den Morgenstunden, damit man nicht weit abseits parken muss.

Tierwelt

Im Yosemite Nationalpark leben zahlreiche Tiere, welche unter der Kontrolle der Park Ranger stehen. Auf die Tiere wird sehr viel Rücksicht genommen, daher kann es passieren, dass auch mal eine Straße gesperrt wird, bis ein Reh sich entschließt die Straße zu überqueren. Zu den Höhepunkten zählen sicherlich die vielen Schwarzbären, welche jedoch tief im Parkinneren leben. Als Besucher sollte Ihnen jedoch bewusst sein, dass eine Konfrontation mit einem Schwarzbären tödlich ausgehen kann und auf die Gefahren wird auf vielen Warntafeln hingewiesen.

Wasserfälle

Neben der spektakulären Landschaft und den wunderschönen Bergen, stellen die Wasserfälle eine wahre Attraktion dar. Immer wieder wird man auf eine grandiose Felslandschaft stoßen mit großartigen Wasserfällen, welche mit stabilen Schuhwerk auch von nahen betrachtet werden können.

Yosemite Visitor Center

Einkaufsmöglichkeiten im Yosemite Village

Herzstück vom Yosemite National Park ist das Visitor Center mit Restaurants und Geschäften. Sie sollten jedoch beachten, dass es im Yosemite National Park keine Tankstellen gibt und daher sollte der Park nur mit einem vollen Tank befahren werden. Rund um das Visitor Center kann es sehr eng werden, da einige Familien den Park für einen kleinen Ausflug nutzen um der Großstadt San Francisco zu entfliehen.

Kostenlose Busse

Viele der Sehenswürdigkeiten können im Yosemite National Park mit dem Auto angefahren werden, jedoch empfiehlt sich der kostenlose Shuttle Bus für die Besucher. Ein großer Vorteil ist, dass die Busse eine eigene Spur nutzen und man sich im Park viel schneller bewegen kann und Parkplätze an den Sehenswürdigkeiten eher selten sind.

Mammutbäume

An vielen Stellen wird der Yosemite Park mit den Mammutbäumen beworben, welche zu den größten und teilweise ältesten Bäumen der Welt gehören. Leider wachsen die Bäume nur auf einem sehr kleinen Bereich und dieser wird immer wieder für Besucher gesperrt.

Anreise:

Yosemite Village Loop,
Yosemite-Nationalpark
California 95389

Eintritt:

25 Dollar pro Fahrzeug. Gültig für 7 Tage

Eingang : Sequoia National Park

Eventuell haben Sie noch nie etwas vom Sequia National Park gehört, da dieser eher in den USA sehr bekannt ist. Während der Yosemite National Park eine se hr schöne Landschaft bietet, welche etwas an die Alpen erinnert, ist der Sequoia National Park für seine Mammutbäume bekannt, welche auf einem kleinen Fleck in 4.000 bis 5.000 Fuß Höhe wachsen und zu den spektakulärsten Naturwundern gehören. Als Tagesausfl ug von Las Vegas ist der Park nicht empfehlenswert, da dieser knapp 500 KM weit weg ist, jedoch *nur* ca. 200 KM entfernt vom Yosemite National Park.

Tipp zur Reiseplanung

Für die Fahrt benötigen Sie einen Wagen mit einem starken Motor. Obwohl sich der Eingang im Tal befindet, müssen Sie anschließend ca. 45 KM bergauf fahren um die Mammutbäume zu sehen. Die Strecke ist sehr kurvig und darf nur langsam befahren werden, damit es keine Unfälle mit dem Gegenverkehr gibt. Zusätzlich ist die Strecke nicht beleuchtet, daher ist besonders die Rückfahrt in der Nacht sehr unangenehm, da die Streckenführung sehr chaotisch ist und man, bedingt durch die hügelige Landschaft, den Verlauf der Strecke nur sehr schwer bis gar nicht einschätzen kann. Nach der Einfahrt befindet sich das Visitor Center, welches kostenlos Kartenmaterial zur Verfügung stellt und bei der Planung der Route hilfreich zur Seite steht.

Hinweis

Kurz vor der Einfahrt befinden sich einige Tankstellen, welche zum volltanken genutzt werden sollten. Bedingt durch die Auffahrt ist der Verbrauch vom Auto sehr hoch.

Mammutbäume

Besonders am Anfang der Strecke ist die Landschaft wenig Spektakulär, Sie sollten sich jedoch nicht wundern, da Mammutbäume nur unter ganz bestimmten Bedin gungen wachsen und Sie einige KM fahren müssen, bis Sie die ersten Mammutbäume sehen.

Die ersten Mammutbäume

Nach einer Fahrtzeit von 60 bis 90 Minuten werden Sie an einem Parkplatz ankommen, welchen Sie kostenlos nutzen können. Auf der Gegenüberliegenden Seite befindet sich ein weiteres Besucherzentrum, welches auch eine kostenlose Ausstellung über die Geschichte der Mammutbäume anbietet.

Visitor Center und Mammutbaum

Die Größe der Mammutbäume wird in diesem Bild eindrucksvoll sichtbar, wie ein Spielhaus wirkt das Visitor Center und dieser Baum zählt noch zu den kleineren im Park. Rund um den Parkplatz finden sich zahlreiche weiterer Bäume und von hier aus startet auch ein kostenloser Shuttle Bus für die Besucher.

Kostenloser Shuttle Bus

General Sherman Tree

General Shermann Tree

Zu den Highlights im Park zählt der General Sherman Tree, welcher über den Shuttle Bus bequem erreicht werden kann. Es handelt sich weltweit um den Baum mit den größten Volumen und *nicht* um den größten Baum. Sein Alter wird auf etwa 2.800 Jahre geschätzt und er besitzt eine Höhe von ca. 84 Metern. Rund um den Baum befinden sich zahlreiche weitere Mammutbäume. Insgesamt ist der Park mit seinen Riesenbäumen sehr eindrucksvoll und bei einer Rundreise im Südwesten der USA sehenswert.

Verhalten im Nationalpark

Die Bäume im Nationalpark werden gehütet wie ein Nationalschatz und sind oft tausende Jahre alt. Es versteht sich von selbst, dass man nicht auf die Bäume klettern oder einen Ast abreisen darf, um diesen als Souvenir mitzunehmen. Einzelne Bäume sind so we rtvoll, dass Sie von einem Zaun geschützt werden und Sie nicht über den Zahn klettern sollten.

Anreise:

Generals Hwy
Sequoia National Park
California 93262

Eintritt:

30 Dollar pro Fahrzeug

Rückseite - Las Vegas Schild

Ich habe Las Vegas während einer dreiwöchigen USA Rundreise besucht und mich für die Stadt entschieden, da der Hin- und Rückflug immer wieder sehr günstig angeboten wird. Mein Flug von München über Detroit nach Las Vegas ging über viele Stunden und ich habe die Zeit ge nutzt um meine Reisepläne noch einmal zu betrachten. Für mich war Las Vegas der perfekte Startpunkt um den Südwesten der USA zu erkunden, da viele Nationalparks und Städte wie San Francisco oder Los Angeles innerhalb von ein paar Stunden erreichbar sind. Besonders die Rundreise war geprägt von vielen Eindrücken, über die man ein eigens Buch schreiben könnte. Nach knapp 5 Tagen in Las Vegas begann meine knapp zweiwöchige Rundreise im Südwesten und anschließend war ich wieder einige Tage in Las Vegas. Als ich die Stadt verließ, habe ich das Las Vegas Schild mit "come back soon" gesehen und ich wusste, dass ich bald wieder in Las Vegas sein werde. Ich möchte Ihnen zum Ende vom Buch noch ein paar Tipps geben, wenn Sie auch eine Rundreise planen und andere Städte sehen möchten. Ich werde diese jedoch nicht ausführlich betrachten, da der Schwerpunkt von diesem Buch Las Vegas ist und auch bleiben soll.

Golden Gate Bridge

Ich habe Ihnen ja bereits im Kapital "Nationalparks" den Yosemite National Park vorgestellt und dieser liegt nur knapp 250 KM von San Francisco entfernt. Ich hatte das Glück, dass ich schon viele Länder und Städte bereisen und bewundern durfte und San Francisco hat mich besonders fasziniert. Alleine die Fahrt von der Wüste in Las Vegas zur traumhaften Natur im Yosemite National Park ist faszinierend und nach wenigen hundert Kilometern ist man plötzlich in San Francisco. Eine Stadt, die ich als eine Kombination aus Prag und Paris mit dem Gefühl einer Großstadt wie New York beschreiben möchte. Ich habe mich bereits bei der Anreise vom Yosemite National Park für einen kurzen Aufenthalt in der Innenstadt entschieden und hätte innerhalb weniger Minuten explodieren können. Ich war von der Fahrt etwas müde, ich habe keinen Parkplatz gefunden und die Stadt war einfach nur voll mit Autos. Während ich die Stadt in den ersten Stunden wirklich gehasst habe, konnten mich der Charme und die Menschen sehr schnell fesseln und auch heute noch blicke ich mit einem positiven Gefühl zurück. In wenigen Worten möchte ich daher etwas zu San Francisco sagen und Ihnen als Leser einige Tipps geben.

Parken

Parken in einer Großstadt kann ein großes Problem werden. Ich habe mit viel Glück jedoch ein Parkhaus gefunden, welches in der Stadt liegt und keine 20 Dollar pro Stunde kostet.

Ellis-O'Farrell Parking - 123 O'Farrell St, San Francisco, CA 94102

Die Preise richten sich nach der Uhrzeit, z.B. ob Sie vormittags oder nachmittags parken, und belaufen sich auf ca. 2,50 Dollar pro Stunde. Sie müssen in den oberen Stockwerken parken, da die unteren Parkplätze für "Valet Parking" reserviert sind.

Alcatraz

Alcatraz - Das bekannteste Gefängnis der Welt

Alcatraz ist das wohl bekannteste Gefängnis der Welt und von der Küste der Stadt sichtbar. Für die Insassen muss es unbeschreibliches Gefühl gewesen sein die Stadt täglich zu sehen und von der Insel nicht flüchten zu können. Auf den ersten Blick wirkt die Insel nicht weit entfernt, jedoch täuscht das Gefühl. Ich habe z.B. eine Fahrt mit einem Boot um die Insel gebucht und auch im Hochsommer wird es auf dem Wasser sehr kalt, die Windstärke und der Wellengang nehmen immer mehr zu , die Entfernung ist enorm und für ungeübte Schwimmer nicht zu schaffen. Bei der Umrundung hat mich ein komisches Gefühl überkommen, da ich das Gefängnis als Attraktion wahrgenommen und gleichzeitig den Steg gesehen habe, der für die Insassen der Eingang zu einem Gefängnis war, oft auf Lebenszeit. Sollte man das innere sehen wollen, dann muss man frühzeitig buchen, da die Tickets sehr begehrt sind und täglich nur wenige Touren angeboten werden. Ich empfehle hier eine Buchung min. 3 Wochen vorher.

Wie lange sollte man in San Francisco bleiben?

In San Francisco kann man problemlos eine Woche oder mehr bleiben, wenn man sich alle Sehenswürdigkeiten und das Umland näher anschauen möchte. Ein Hauptproblem sind jedoch die Kosten. Besonders Hotels sind in San Francisco sehr teuer und viele Kosten werden gekonnt versteckt oder sind nicht sofort sichtbar. Als Tourist werden Sie eventuell mit dem Auto anreisen und sie werden sich wundern, dass der Parkplatz im Parkhaus vom Hotel 80 Dollar pro Tag zusätzlich kosten kann. Sie sollten daher die Preise gründlich vergleichen und auch abseits von San Francisco nach einem günstigen Hotel suchen. Auf der anderen Seeseite von San Francisco liegt z.B. Oakland und bietet Hotels, die deutlich günstiger sind. Ein Nachteil ist jedoch, dass Sie täglich nach San Francisco fahren müssen und die Fahrtzeit für die rund 20 Kilometer auch mal 2 Stunden oder mehr betragen kann. Viele Straßen sind Mautpflichtig und der Verkehr staut sich in den Morgen- und Abendstunden auf einige Kilometer.

Ich habe z.B. für eine Fahrt von meinem Hotel in Oakland in die Innenstadt von San Francisco, wir sprechen hier von knapp 40 Kilometern, an einem Tag 3 Stunden gebraucht mitten in der Mittagszeit. Eine Mautstation war nicht besetzt und der Verkehr hat sich auf viele Kilometer gestaut. Bemerkenswert war jedoch, dass die Amerikaner sehr gelassen bleiben und niemand hupt, wild überholt oder flucht. Eventuell liegt es daran, dass die Autos nicht versichert sind und man daher mehr Rücksicht nimmt. Ich dachte bis dahin, dass 3 Stunden nicht mehr zu übertreffen seien, bis ich nach Los Angeles gefahren bin...

Skyline von Los Angeles

Ich möchte an dieser Stelle gerne mit einer kleinen Anekdote beginnen um die Stadt Los Angeles zu beschreiben. Ich war in einem Hotel in der Nähe von Los Angeles und hatte etwas Hunger und Durst, daher habe ich auf meinem Navigationssystem nach einem Supermarkt in der Nähe gesucht. Nach ein paar Minuten habe ich mich für einen Walmart entschieden, der nur knapp 13 KM vom Hotel entfernt war und über die Autobahn in wenigen Minuten zu erreichen sein sollte. Ich bin in mein Auto gestiegen und fuhr auf die Autobahn, am Ende hat die Fahrt zum Supermarkt knapp 3 Stunden gedauert. Bei meinen ganzen Reisen habe ich noch nie eine Stadt erlebt, die so stark unter dem Verkehr leidet wie Los Angeles. Es gibt keinen vernünftigen ÖPNV und daher fahren viele mit dem Auto durch die Stadt, was besonders auf dem Highway zu katastrophalen Verhältnissen führt.

Fahrten nicht unterschätzen

Los Angeles ist eine wunderschöne Stadt, jedoch sind die Entfernungen zwischen einzelnen Sehenswürdigkeiten und Stadtteilen sehr groß. Ich habe immer wieder die Fahrtzeit unterschätzt und dies hat mich sehr viel Zeit gekostet. Eine einfache Fahrt an den Strand von Los Angeles (ca. 50 Kilometer) hat an einem Werktag nachmittags mehr als 3 Stunden gedauert. Irgendwann kommt natürlich auch die Fahrt zurück zum Hotel und man verbringt 5 bis 6 Stunden im Auto. Besonders morgens und nachmittags kann sich eine Fahrt extrem in die Länge ziehen und daher sollte man die Fahrtzeit bei einem Aufenthalt in Los Angeles einplanen.

Wie lange sollte man in Los Angeles bleiben?

Los Angeles ist keine kleine Stadt, sondern bietet mit den Nachbarstädten eine große Vielfalt, z.B. mit Beverly Hills, Hollywood oder den zahlreichen Stränden. Hotels in Los Angeles sind durchaus bezahlbar, jedoch ist man auf einen Mietwagen angewiesen. Bedingt durch den schlechten ÖPNV sind viele Orte nur sehr schlecht oder gar nicht zu erreichen und der Mietwagen wird die Urlaubskasse zusätzlich belasten. Innerhalb von einer Woche kann man jedoch sehr viel von der Stadt sehen.

Was von Las Vegas bleibt

Über viele Wochen habe ich an diesem Buch geschrieben, einzelne Kapitel komplett gestrichen und neue hinzugefügt. Jedes einzelne Kapitel ist mit eigenen Emotionen verbunden, wobei fast alle positiv sind. Ein Flug nach Las Vegas ist sehr lang und ich kann mich an die Müdigkeit kaum noch erinnern, jedoch an die ersten Emotionen am Flughafen von Las Vegas. Ich habe die ersten großen Hotels gesehen, welche direkt nach dem aussteigen aus dem Flugzeug am Strip sichtbar sind. Sie als Leser halten dieses Buch in der Hand und der Urlaub steht eventuell kurz bevor oder Sie haben noch einige Wochen, bevor Sie in einem Flugzeug sitzen und nach Las Vegas fliegen. Egal wie lange Sie in Las Vegas bleiben, es wird immer etwas geben was Sie nicht gesehen oder gemacht haben. Mir persönlich geht es nicht anders, wenn ich einen Beitrag im TV sehe über ein Restaurant in Las Vegas und mich ärgere, dass ich dort nicht das größte Steak gegessen oder das leckerste Bier getrunken habe.

In solchen Momentan darf man sich jedoch nicht ärgern. Ein Urlaub in Las Vegas ist mit, teilweise hohen, Kosten verbunden und Sie wollen kein Buch schreiben, sondern Ihren Urlaub genießen. Las Vegas ist eine Stadt, die man nur schwer in Worten beschreiben kann, daher sollte man den Urlaub einfach genießen. Sie werden Menschen in einem Casino sehen, welche innerhalb von einer Minute 5.000 Dollar verlieren oder gewinnen und vor dem Hotel bettelt jemand um einen Dollar um sich ein Wasser zu kaufen. Sie werden verliebte Paare im Urlaub sehen und gleichzeitig obdachlose, die sich für 10 Dollar prügeln und von Touristen angefeuert werden, am Ende bekommt der Gewinner 20 Dollar vom Publikum und der unterlegene geht leer aus. In kaum einer anderen Stadt leben Gewinner und Verlierer auf so engen Raum. Las Vegas ist eine künstliche Stadt, welche nach wenigen Tagen sehr real wirkt und auch Sie werden sicherlich den einen oder anderen Dollar beim Automaten gewinnen oder verlieren. Ich habe beim Einsatz von einem Dollar innerhalb weniger Minuten 14 Dollar gewonnen und 10 Dollar innerhalb weniger Minuten komplett verloren, obwohl ich in Las Vegas nicht spielen wollte.

Irgendwann kommt eventuell auch bei Ihnen der Moment, wo Sie einfach mal die Stadt verlassen möchten und Sie werden sich in die Natur und Landschaft verlieben. Las Vegas ist umgeben von tollen Nationalparks und Städten, wobei man einige der Nationalparks durchaus besuchen sollte.

Irgendwann werden aber auch Sie im Flugzeug sitzen, die Turbinen werden starten und das Flugzeug steigt in die Luft. Sie werden Las Vegas noch einen Moment aus der Luft sehen und darüber nachdenken, was Las Vegas als Stadt sein möchte.

Las Vegas kann eine Stadt der Spieler sein, muss es jedoch nicht. Las Vegas kann eine Stadt der Superlative sein, muss es jedoch auch nicht. Nicht alles was in Las Vegas passiert, bleibt auch in Las Vegas. Sie werden mit Erinnerungen und Eindrücken nach Hause fliegen und genau dies macht Las Vegas aus. Es ist eine Stadt, die man nicht beschreiben kann, sondern einmal im Leben erlebt haben muss....

Printed in Germany
by Amazon Distribution
GmbH, Leipzig

31562098R00068